AMOR POR TODA A VIDA

*Como tornar seu relacionamento
mais profundo, íntimo e verdadeiro*

AMOR POR TODA A VIDA

Como tornar seu relacionamento
mais profundo, íntimo e verdadeiro

Daphne Rose Kingma

AMOR por toda a vida

Como tornar seu relacionamento
mais profundo, íntimo
e verdadeiro

Tradução
HENRIQUE AMAT RÊGO MONTEIRO

EDITORA PENSAMENTO
São Paulo

Título do original: A Lifetime of Love.

Copyright © 1998 Daphne Rose Kingma.

Todos os direitos reservados. Nenhuma parte deste livro pode ser reproduzida ou usada de qualquer forma ou por qualquer meio, eletrônico ou mecânico, inclusive fotocópias, gravações ou sistema de armazenamento em banco de dados, sem permissão por escrito, exceto nos casos de trechos curtos citados em resenhas críticas ou artigos de revistas.

Este livro não pode ser exportado para Portugal.

O primeiro número à esquerda indica a edição, ou reedição, desta obra. A primeira dezena
à direita indica o ano em que esta edição, ou reedição, foi publicada.

Edição	Ano
1-2-3-4-5-6-7-8-9-10-11	01-02-03-04-05-06-07

Direitos de tradução para o Brasil
adquiridos com exclusividade pela
EDITORA PENSAMENTO-CULTRIX LTDA.
Rua Dr. Mário Vicente, 368 – 04270-000 – São Paulo, SP
Fone: 272-1399 – Fax: 272-4770
E-mail: pensamento@cultrix.com.br
http://www.pensamento-cultrix.com.br
que se reserva a propriedade literária desta tradução.

Impresso em nossas oficinas gráficas.

. . . .

Com muito amor, para Mary Jane Ryan,
minha querida amiga e editora de talento.

Com muito amor para Mary Jane Ryan,
minha querida amiga e editora de 1 dentro.

Sumário

Um amor para todo o sempre... 9
Uma união espiritual plena 12

A Busca da Profundidade

Desfrute o momento 17
Aspire por um relacionamento espiritual.. 19
Rejubilem-se juntos 21
Abra-se para a energia do êxtase 23
Pare de se esforçar tanto 25
Deixe o orgulho de lado 27
Descubra o sexo como uma união sagrada 29
Seja pródigo com os elogios.. 31
Aceite os gloriosos compromissos do amor.. 33
Fique atento às mudanças 35
Descansem sobre pétalas de rosas 37
Pratique a felicidade para se preparar para a alegria............................... 39
Divirta-se 41
Respeite a sua raiva interior.. 43
Compartilhem os momentos de transcendência 45
Repouse no esplendor do perdão.. 47
Seja receptivo ao mistério 49
Conheçam-se um ao outro como às estações do ano................................ 51

A Busca do Significado

Viva a verdade 55
Encare a pessoa amada como um ser espiritual 57
Tenha a coragem de dizer "não"... 59
Expresse seus maiores medos 61
Reconheça a ambivalência do seu relacionamento 63
Aceite as coisas como elas são 65
Enfrente suas negações.. 67
Respeite o sexo oposto 69
Abra-se para receber a mensagem.. 71

Pratique a coragem de criticar 73
Abra o coração ao comentário que poderá mudar a sua vida 75
Integre-se no erótico divino 77
Reconheça os desejos do seu espírito.. 79
Conte a sua história à pessoa amada... 81
Tenha consciência da sua inconsciência.. 83
Procure um terreno de compreensão mútua 85
Tenha uma consciência especial da pessoa amada 87
Desperte a consciência da pessoa amada.. 89
Procure sua cura emocional 91
Deixe-se guiar pelas suas necessidades 93
Sinta o paradoxo da urgência e da renúncia...................................... 95
Encare de frente suas dificuldades... 97
Passe para o plano espiritual 99
Proteja sua alma.. 101

Como Aumentar a Intimidade

Busque a beleza.. 105
Aprenda a linguagem da intimidade... 107
Seja paciente, gentil e bondoso 109
Valorize a sua preciosa encarnação 111
Cuide do seu corpo 113
Pratique a arte da empatia 115
Alegre-se 117
Alimente seu coração e sua alma.. 119
Respeite a pessoa amada 121
Aconchegue-se 123
Desenvolva o senso de oportunidade 125
Redescubra a harmonia 127
Respeite a si mesmo.. 129
Relaxe 131
Prontifique-se a colaborar com o amor.. 133
Procure o ponto de libertação 135
Celebrem o "nós" de vocês... 137
Devolva à matéria sua sacralidade 139
Sejam graciosos, esperançosos e sábios... 141
Viva sob a luz do espírito.. 143

Um amor para todo o sempre

Todo mundo que se apaixona quer um amor para a vida inteira – não simplesmente uma experiência passageira, mas uma união cheia de emoção e sentimento, que se aprofunde com o tempo e que sobreviva às mudanças da vida pelas quais todos passamos. Queremos companhia na jornada da vida; queremos compartilhar os prazeres e tristezas da vida com uma pessoa que nos entenda e se preocupe conosco profundamente.

Na maior parte das vezes, contudo, os relacionamentos que vivemos não nos dão o tipo de satisfação que esperamos deles. Quando nos apaixonamos, ficamos muito esperançosos, por termos passado por um período de grande entusiasmo e prazer, e esperamos que parte dessa energia arrebatadora nos acompanhe ao longo de todo o relacionamento. Infelizmente, porém, a maioria das pessoas não sabe como garantir que isso aconteça, e a relação, em vez de se tornar mais envolvente, profunda e satisfatória com o passar do tempo, em geral acaba se mostrando superficial, repetitiva e menos inspiradora. Em vez de nos sentirmos mais profundamente envolvidos com a pessoa por quem nos apaixonamos, com o tempo nos sentimos como companheiros de quarto, dividindo os afazeres domésticos e alguns hábitos familiares.

Este livro ensina como intensificar seu relacionamento amoroso, como fazer com que ele tenha as qualidades com as quais você sempre sonhou. O melhor de tudo é que nós realmente temos a capacidade de desenvolver as atitudes, as perspectivas e os comportamentos que produzem uma vida mais profunda, significativa e cheia de momentos de intimidade. Por mais que nosso relacionamento esteja decaindo ao longo do tempo, é possível e razoável esperarmos que ele se torne cada vez mais profundo e enriquecedor se estivermos dispostos a dedicar nossa energia para isso.

Profundidade, significado e intimidade não se conseguem gratuitamente. Uma pessoa não tem tudo isso só porque "está apaixonada", "tem um relacionamento" ou "está casada". Muito pelo contrário, essas são características muito elevadas de qualquer relacionamento, características que têm que ver com os aspectos mais extraordinários do nosso ser – nossa dimensão espiritual –, onde somos mais do que simplesmente pessoas com sensações, hábitos, rotinas e responsabilidades.

Quando falamos de profundidade, queremos nos referir a algo que tem a capacidade de nos impulsionar emocionalmente num grau muito elevado. Queremos profundidade porque ela nos mostra nossa verdadeira natureza como seres humanos, dimensões que não fazem parte dos acontecimentos comuns da vida cotidiana. Quando chegamos ao nosso nível mais profundo, entramos em contato com as dimensões mais amplas do nosso ser e de repente compreendemos que a vida é muito maior do que havíamos imaginado. É emocionante ficar face a face com nossas verdades mais profundas; e a emoção é ainda maior quando compartilhamos essa profundidade num relacionamento. Se a pessoa que amamos se une a nós para enriquecer essa experiência, passamos a compreender que a vida é mais do que apenas saber o que teremos para o jantar ou como iremos pagar as contas. A profundidade confere à nossa vida um sentido e um valor que simplesmente não existem sem ela.

O significado tem que ver com a importância das coisas; em especial, a importância das coisas para nós. Seu aniversário, por exemplo, é importante porque lhe recorda o milagre da sua própria existência. Quando vivemos o significado num relacionamento, compreendemos, de repente, que a vida tem atributos e valores que desconhecíamos. Isso nos conforta, nos dá uma sensação de tranqüilidade. Em vez de nos sentirmos como se estivéssemos encurralados num universo caótico, onde tudo pode acontecer e onde não podemos contar com nada, nós subitamente compreendemos que a vida segue uma certa ordem e é maravilhosa. Na verdade, ela obedece a um projeto primoroso; podemos esquecer nossas preocupações e ansiedades no ninho maravilhoso e reconfortante que o significado nos oferece.

A intimidade é a experiência de proximidade que torna a vida mais alegre. É o que esperamos de nossos relacionamentos. É o prazer de estar próximo de alguém e é o que nos faz sentir não só felizes de estar vivos, mas felizes de estar vivos na companhia da pessoa amada. Em vez de seguirmos sozinhos por um caminho longo, estranho, cheio de dificuldades, percebemos que temos companhia e que nossa carga, assim como nossas grandes alegrias, podem ser compartilhadas. A intimidade é a parceria em todas as experiências da vida, sejam elas profundas e importantes, sejam casuais e corriqueiras. Quanto mais praticamos esse companheirismo, mais ligados nos sentimos à pessoa que amamos.

Profundidade, significado e intimidade são as características que têm relação com a alma, a parte de cada um de nós que é eterna e indescritivelmente valiosa. Portanto, ao procurá-las em nossos relacionamentos, na verdade estamos buscando algo que atue no nível espiritual e nos dê a grande satisfação de reconhecer que somos espíritos, além de meros seres humanos mortais. Considerado dessa maneira, o amor é a dádiva da vida, para ser valorizada sempre.

Este livro é uma fonte de ensinamentos simples sobre a grandeza, a beleza, a maravilha e a simplicidade de se agregar profundidade, significado e intimidade ao nosso relacionamento. Espero que você o aproveite, bem como as benéficas recompensas que a prática desses atributos trará à sua vida pessoal e íntima.

Uma união espiritual plena

Desde tempos imemoriais, homens e mulheres amam-se – de forma desesperada, enlouquecida, doce, com uma paixão desenfreada e perigosa, com a compaixão e a bondade do coração, do fundo da sua alma. O amor não tem limites. Não há país, Estado ou população que não lhe dê importância; e, ao se apaixonar, você se iguala aos amantes de todos os tempos ao viver uma das mais importantes experiências da vida.

O que você sente ao se apaixonar é universal. Por mais comum e simples que seu amor possa parecer, para o seu coração e para a sua alma ele é um grande amor. Assim como o amor de Davi e Bate-Seba, de Antônio e Cleópatra, de Romeu e Julieta, de Abelardo e Heloísa, seu amor também é uma experiência de natureza surpreendente e arrebatadora, que fará você passar pelos momentos mais trágicos e sublimes da vida. Por meio do amor você se torna parte de uma sagrada tradição, aquela grande linhagem que abrange todos os que juraram fidelidade, prometeram seu coração a alguém, escolheram viver e morrer por amor e descobriram que o amor é a única coisa pela qual vale a pena viver.

Todos nós precisamos de amor.

Todos nós buscamos o amor porque, em cada célula do nosso ser, sabemos que o amor é a única coisa sem a qual não podemos viver. Em cada respiração, a cada batida do nosso coração, temos consciência disso. É por esse motivo que, não importa o quanto façamos ou busquemos na vida, o amor é sempre a meta mais elevada, o ponto mais difícil de alcançar, nossa busca mais apaixonada.

Isso porque no fundo do coração sabemos que, neste mundo de padecimentos e traições, só o amor pode nos amparar. Apenas o amor é capaz de fazer nosso coração cantar, mesmo em meio à mais profunda escuridão, e de permitir que nossa alma encontre a paz em meio à mais tremenda agonia. O amor é a única coisa que levamos conosco ao deixar esta vida.

Tudo aquilo que somos – personalidade, corpo, emoções, conquistas, reputação, contas bancárias, amizades, troféus, prêmios de toda espécie, medalhas de ouro, casas, móveis, pais e filhos, mesmo as lembranças e as maiores expectativas – tudo passará. Apenas o amor, essa luz maravilhosa, permanecerá. Porque o amor é a luz que nos traz à vida e nos espera depois de termos nos despedido com a última mesura do palco da vida. O amor é o Sim místico e incondicionalmente afirmativo. O amor é o *ser* em si, a consciência em si, a energia que em si mesma é a substância e a essência da vida.

Todos nós, quando amamos, somos parte do Amor.

O amor que sentimos, o amor de que necessitamos, o amor que damos está cercado pelo grande Amor que é a matriz, o local de nascimento, a bênção e a essência do nosso ser. Esse Amor é o recipiente, a receita e o código de todas as palavras, dádivas e acontecimentos, momentos lindos e trocas de carinho que nesta vida chamamos de amar, ser amado ou sentir amor. É o mar ilimitado em que todas as nossas experiências humanas de amor – o amor dos amantes e namorados, de maridos e esposas, de pais por seus filhos, de irmãos e irmãs, de amigos queridos e estranhos compadecidos – nadam como a multidão incontável e variegada de peixes no oceano infinito.

O amor como o conhecemos e vivemos – o amor responsável, como o de um homem por seu país; de divertimento, como no florescer da amizade; de paixão e êxtase, como num romance; de compromisso, como em todas as vicissitudes mutáveis de nossos relacionamentos íntimos – todos esses são expressões, caricaturas e manifestações peculiares do Amor sem feições, infinitamente encantador, interminavelmente acolhedor, que é o meio em que todos vivemos e respiramos.

Todo o amor de que precisamos, que conhecemos, buscamos e expressamos, nada mais é do que um cantinho do cartão-postal desse cenário infinito e maravilhoso. Pelos momentos de amor exaltado por que passamos na vida é possível vislumbrar nossa relação com esse grande, infinito amor. Porque, se deixarmos que o nosso coração se abra nesses momentos, compreenderemos de repente que nós mesmos fazemos parte desse amor. E então nossos relacionamentos humanos se tornam radiantes e iluminados, o cálice sagrado do qual podemos beber do amor que é verdadeiramente divino.

A Busca da Profundidade

Desfrute o momento

Este momento, este dia, este relacionamento e esta vida são todos únicos, primorosos e inigualáveis. Não existirá jamais um momento igual a este (a luz amarela filtrando-se através das palhetas da veneziana, o barulho dos homens trabalhando na rua e, na sala de estar, o ruído das páginas do jornal sendo viradas). Não haverá outro dia que repita precisamente os agradáveis acontecimentos deste dia (o despertar e a hora de dormir, os lindos sonhos antes de acordar, as conversas interessantes e até mesmo as banais, as roupas que você decidiu usar e a maneira como as está usando hoje, a maneira como venta hoje, fazendo bater as janelas, espalhando as folhas, os pensamentos – todos aqueles sessenta mil pensamentos – que passaram voando como pipas brilhantes pela sua mente).

Não haverá nenhum outro amor, nenhum outro ente querido exatamente como o que você tem agora (o homem que pronuncia seu nome de uma maneira especial, com sua voz modulada, o homem que lhe traz flores, cujas palavras tocam seu coração como uma carícia suave, cujos braços a envolvem dessa e daquela maneira, confortando, aquecendo, protegendo; a mulher cujo perfume o encanta, cuja cabeça descansando em seu peito enquanto você dorme tem o doce peso da felicidade, cujos beijos são verdadeiras bênçãos, cuja risada é como a luz do dia, cujo sorriso é a mais pura graça).

Não haverá outra vida exatamente como esta, nenhuma outra, jamais, não com esse nascimento, com essa história, essa mãe e esse pai, essas casas e paredes, essas pessoas estranhas e esses amigos... *e como passeávamos por todos aqueles lugares, em meio a tanta beleza, roçando uns nos outros, caminhando com passos de dança, fazendo reverências, curvando-nos em todos os palcos, enchendo os aposentos em que vivemos com essa alegria, esse doce amor...*

Não haverá outra maneira de viver esta vida, apenas a maneira como você escolheu vivê-la, apenas a maneira pela qual, momento após momento, você enche a casa, os berços e os cestos, os armários e as gavetas – com tantas coisas maravilhosas, com pequenas bugigangas e tesouros – e apenas a maneira como você enche o seu coração – com que sentimentos, tantas emoções adoráveis – *e a lembrança dela parada ali, sob a luz, perto da janela, o cabelo louro banhado pela luz do sol... e a imagem dele parado ali e dizendo: "Sempre, para sempre, até que a morte nos separe"* – e a sua mente – com tantas palavras, acalentando intermináveis preocupações, quantos enigmas difíceis e soluções brilhantes, quanto vazio... esperando por Deus.

Este momento, este dia, este relacionamento, esta vida são todos únicos, primorosos, inigualáveis. Viva cada momento como se você, indelevelmente, acreditasse nisso.

Aspire por um relacionamento espiritual

Ter um relacionamento espiritual é reconhecer que, acima de tudo, somos seres espirituais e que nossa verdadeira missão nesta vida é a busca do aperfeiçoamento espiritual. Quando você tem um relacionamento espiritual, você opta por materializar essa verdade em forma de amor. Você altera o contexto e o foco. Tendo em vista que um relacionamento emocional tem como foco o teor do relacionamento em si, um relacionamento espiritual considera o bem-estar do espírito e a jornada da alma como sua maior tarefa. Enquanto o relacionamento romântico situa-se no tempo, a união espiritual tem como contexto o infinito eterno. Em vez de se enquadrar na vida terrena, ela considera que somos todos muito mais do que aparentamos ser e reclama jubilosamente como seu território um cosmo que irradia e cintila, que inclui uma infinidade de anjos e todos os acontecimentos extraordinários coincidentes que são os misteriosos instrumentos de Deus.

Quando você ama uma pessoa espiritualmente, ao mesmo tempo que ama, deseja, acalenta, adora e protege seu amado, você também será o defensor do bem-estar dele, assegurando que ele faça as escolhas que permitirão a evolução de sua alma. Para isso, pode-se criar um ambiente calmo, em que o espírito consiga florescer, ou fazer coisas – como meditar, orar, jogar fora o aparelho de televisão – que estimulem a união de suas almas.

No Ocidente, ter um relacionamento íntimo que seja também espiritual desafia nosso modo corriqueiro de pensar porque, numa relação espiritual, não buscamos satisfações do ego de uma maneira convencional. Ao contrário, estamos conscientes de que somos espíritos e de que estamos numa jornada espiritual.

O relacionamento espiritual é cortês, agradável, gentil, afável. Por ter superado o turbilhão de ansiedades e preocupações do ego, ele pode ser generoso e paciente, considerando o ser amado não apenas como uma pessoa que faz isto ou aquilo, mas como uma alma numa jornada. Porque, para o ser amado espiritualizado, existe sempre uma noção desse foco maior. Por causa disso, cada ação e cada experiência assumem uma coloração diferente. Os desapontamentos do momento e até mesmo as tragédias da vida são vistos, não como acontecimentos absolutos em si mesmos, mas como pontos exasperantes mas finitos num panorama geral mais amplo.

Um grande amor espiritual não exclui o lado psicológico e físico – em qualquer relacionamento espiritual, os parceiros irão sempre apoiar um ao outro nesses campos com sabedoria e atenção –, mas quando você ama outra pessoa em espírito, seu amor também será uma lembrança do contexto infinito, o verdadeiro destino. Recordar-se disso dará a seu amor uma feição exaltada, cristalina e verdadeiramente luminosa. Pois, se o seu relacionamento emocional é uma jóia, seu relacionamento espiritual é a luz que brilha através dessa jóia.

Rejubilem-se juntos

Quando pensamos em nos unir emocionalmente a uma pessoa, normalmente pensamos em nos solidarizar com ela em momentos de dor ou tristeza. Embora, sem dúvida, seja verdade que temos uma grande necessidade de empatia nos momentos de dor, também precisamos de empatia positiva – de júbilo –, um sentimento delicioso e solidário com relação a todas as nossas alegrias.

Rejubilar-se é sentir alegria, deixar que os sentimentos de satisfação e prazer invadam o seu ser e o preencham com uma sutil e enlevada sensação de festa. Todos nós precisamos de alegria para nos enchermos de exultação, porque a vida é árdua; e em determinados momentos o nosso caminho fica muito difícil. Precisamos nos rejubilar porque a alegria é o nosso verdadeiro estado de ser; e, quando o fazemos, retornamos à alegria por um momento. Precisamos nos rejubilar porque não existe alegria suficiente no mundo. E precisamos nos rejubilar *juntos* porque, neste mundo de egoísmo e competição interminável, é sempre difícil encontrar uma alma semelhante à nossa com quem possamos nos rejubilar.

Rejubilar-se é compreender e encorajar; e, embora você talvez pense que é mais fácil rejubilar-se do que sentir pena de alguém, não é; rejubilar-se também pode ser difícil. O fato é que muitas pessoas se sentem tão frustradas na vida que, em vez de procurar comemorar com alguém, sentem inveja e dó de si mesmas. Na verdade, a menos que seja realmente capaz de sentir alegria por si mesmo, você deve ter muita dificuldade para se regozijar, mesmo com a pessoa amada.

Portanto, para se rejubilar com alguém – para dobrar sua alegria, compartilhar os prazeres da pessoa amada e verdadeiramente celebrá-los – regozije-se em primeiro lugar na sua própria vida, com todas as coisas que você aprecia, que iluminam seu dia, que deixam seu coração feliz. Comemore suas vitórias, exulte com suas conquistas. Então você estará preparado para realmente se rejubilar com a pessoa querida.

Rejubilar-se juntos é respirar em alegria, estar juntos num momento de beleza (de lágrimas que lavam a alma, de elogios que mudam a vida), na hora da felicidade sem limites, do doce – e atordoante – sucesso. É ser a testemunha amorosa da celebração de um talento (o livro dele, a exposição de fotografias dela, o jogo de futebol dele, a partida de tênis dela), comemorar ocasiões especiais: aniversários, datas marcantes, prêmios conquistados. É também rejubilar-se em todos os ciclos do amor – momentos e anos que compartilharam, crises por que passaram, reencontros que aprimoraram seu amor e até mesmo todas as boas brigas e suas soluções positivas.

Devemos nos rejubilar juntos porque a alegria gera a si mesma. Ela nos traz mais alegria, mais satisfação, uma sensação maior de que a vida é brilho, esplendor, prazer e divertimento. Assim, um a um e, acima de tudo, juntos, rejubilem-se!

Abra-se para a energia do êxtase

Vida é respiração, movimento. Desde que seja capaz de se movimentar, você vive a vida e a vida vive em você. Nesse estado, cada passo que você dá, cada palavra que pronuncia, cada pensamento que passa pelos mágicos circuitos eletrônicos do seu cérebro, cada simples gesto que você faz é uma expressão de vida, um sinal de que você é um ser humano mortal vivo.

Nos relacionamentos, juntamos essas energias à de outra pessoa por meio da paixão e da afeição. A sexualidade e a sensualidade são o veículo da nossa relação apaixonada, a arena onde carne e espírito se encontram; e a afeição é o meio pelo qual expressamos nosso amor terno e interessado.

Às vezes, em nossa ênfase exagerada na comunicação verbal, nos esquecemos de que também somos corpo e que, como seres físicos, dispomos igualmente de uma linguagem única e poderosa. Com o corpo, muitas vezes "sentimos" e pressentimos coisas antes de começarmos a pensar nelas. Por meio do corpo, compartilhamos o nosso amor de uma maneira imediata e instintiva, que transmite uma profundidade de sentimentos indizíveis.

A linguagem do corpo é essa energia, a vibração invisível, arrebatadora, que é a essência da vida em si. Costumamos pensar na nossa vivacidade apenas como forma – o corpo em que vivemos – e não como a força da vida, ou energia, que flui por intermédio dele. Agindo assim, perdemos a oportunidade de sentir nossa própria vivacidade e, nos relacionamentos, perdemos a oportunidade de ser alimentados por esse misterioso produto espiritual que é a "energia" de outra pessoa. Ainda assim, é exatamente a "energia" – de uma cidade, de uma pessoa, de uma determinada composição musical ou interação emocional – que na verdade nos toca mais profundamente.

Em nossos relacionamentos íntimos, quando desviamos a atenção da forma material – nossa aparência, como estamos vestidos, se estamos fora de forma – e a concentramos no universo energético, entramos na grande, nova e mística arena em que vivemos o amor em si como uma expressão dessa energia. Em vez de senti-lo apenas como uma emoção, também o sentimos como uma vibração mística invisível, o palpitar do coração, os arrepios luminosos que avisam nosso corpo de que "sentimos" verdadeiramente o amor.

Deslocar a sua consciência da percepção da matéria para a energia e buscar as pessoas cuja energia lhe produz êxtases é ampliar de imediato o seu repertório de amor. Ao fazê-lo, você e o seu parceiro não só poderão falar sobre o amor que sentem, mas também serão realmente capazes de "senti-lo" como a essência vital que soa, brilha em puro êxtase no seu corpo. Portanto, abra o seu coração – e cada célula do seu ser – para a luminosa sabedoria transformadora da vida que é a energia que arrebata a alma.

Pare de se esforçar tanto

Muitas pessoas conduzem sua vida basicamente pela combinação de trabalho, esforço e ambição: "Se eu trabalhar bastante, então..." "Se é muito difícil, então..." "Se eu me esforçar nisso, então..." "Se eu fizer melhor, por mais tempo e com mais empenho do que qualquer um, então... com certeza terei sucesso, realizarei minhas ambições."

Essa inclinação para a dificuldade, a exigência e a competitividade é uma marca registrada da nossa cultura que acabou se tornando também uma reação automática na vida das pessoas. Ela ocupa a nossa mente e perturba a nossa personalidade; é a antítese da cortesia, da tranqüilidade.

Infelizmente, a mesma triste predileção para o esforço que aplicamos ao trabalho também dirigimos ao amor. Usamos a horrível expressão de que estamos "trabalhando" para melhorar o nosso relacionamento, como se ele fosse um carro que precisasse de reparos ou uma mina de ouro da qual, com enorme esforço, conseguíssemos dragar as sagradas pepitas de um relacionamento maravilhoso.

Ao considerar o amor dessa maneira, nós o degradamos. O amor torna-se um projeto em vez de um milagre, e sentimos falta dos frutos de sua maravilhosa sutileza. Podemos nos deixar envolver tanto pela vontade de "trabalhar", "compartilhando" nossos sentimentos, "tentando" nos comunicar melhor ou "aprendendo" a negociar, que o amor, a força misteriosa que, antes de mais nada, nos uniu, acaba sendo sufocado.

Isso não quer dizer que um bom relacionamento não prospere graças a formas adequadas de atenção; mas, se você começar a se fixar nele dessa maneira, acabará extraindo todo o sumo e ficará apenas com uma casca vazia.

A verdade é que a maior parte das coisas pelas quais lutamos na vida é exatamente assim – tentativa e esforço. Mas quando resvalamos, por acidente, para um espaço livre, ficamos face a face com o milagre – e a lição – de que as coisas que nos tocam mais profundamente são quase sempre uma dádiva.

O amor, o verdadeiro amor, é uma graça que não se alcança pelo esforço. É um dom do espírito, não uma conseqüência do empenho. Não é um resultado pelo qual se possa trabalhar, mas um tesouro a ser recebido. Portanto, quando o amor aparece de forma mágica, espontânea, não force; simplesmente deixe acontecer. E quando seu relacionamento lhe oferecer, de maneira caprichosa, inesperada, esplêndida, momentos maravilhosos, não se esforce para analisá-los ou repeti-los, apenas abra seu coração e deixe que ele floresça.

Deixe o orgulho de lado

O orgulho é uma emoção falsa e perigosa, que pode se interpor no caminho do verdadeiro amor. É o que você sente quando seus sentimentos mais genuínos são difíceis demais de assumir – que você foi (ou pode ser) abandonado, que você não satisfaz, que tudo o que você tem –, como aparência, conquistas, riqueza, posição social, roupas, filhos, casa, trabalho, profissão – não é valorizado.

O orgulho é o que temos, fazemos, sentimos, preservamos, apesar de tudo o que foi dito acima. Ele nos ajuda a atravessar os tempos difíceis, permitindo-nos seguir em frente, nas circunstâncias difíceis, a despeito de nossas temidas fraquezas. Mas o orgulho embutido, assumido como um traço da personalidade, é um atributo perigoso. Ele se coloca entre você e o que você tem no momento ou o que poderá ser no futuro: um amor, um novo amigo, a cura de uma antiga mágoa, um emprego melhor, um beijo, um milagre.

Quando você se deixa envolver demais pelo orgulho – a maneira como acha que deveria ser tratado, a importância que você tem, o quanto você se sentiu insultado porque "eles" o menosprezaram –, você perde o que está bem diante dos seus olhos: esse momento maravilhoso que não se repetirá jamais; isso sem falar na oportunidade de continuar sendo você mesmo.

Nos relacionamentos, o orgulho cria distâncias. Se você quer ser tratado com a suntuosidade de um leão orgulhoso, talvez consiga; mas acabará sozinho na selva. Em vez de se aproximar da pessoa amada mostrando-se vulnerável, sendo você mesmo, pedindo o que precisa e deixando seu amor fluir, você ficará parado como o Mágico de Oz na frente dela, inchado com seu orgulho, insistindo em que ela seja a sua cúmplice para escorar suas ilusões.

Costumamos usar a expressão "orgulho e alegria" para nos referirmos a alguém ou a algo que nos deixa orgulhosos e que, portanto, nos dá alegria. Nesse sentido, o orgulho é uma alegria ao coração. Mas o orgulho com um caso particular de emoção é a antítese da alegria. Longe de lhe trazer alegria, ele se colocará como um obstáculo no caminho desta. A alegria prospera na liberdade; a alegria flui. Se o lugar no seu coração que está sentindo falta de alegria já está cheio de orgulho, esse hóspede indesejado deve simplesmente ser posto para fora.

Portanto, desista do orgulho. Ele pode preservar a sua dignidade, protegê-lo de todos os julgamentos de que você tem medo, mas, no final das contas, tudo o que ele fará por você, realmente, será deixá-lo sozinho... com o seu orgulho.

Descubra o sexo como uma união sagrada

Nossa sexualidade é um dos aspectos mais adoráveis, complexos e compensadores de uma relação íntima. Por meio dela nos reunimos no ato carnal para atingir a união e a fusão máximas. Ela pode nos trazer alegria ou desapontamento. Pode ser a fonte de nossas mais dolorosas traições ou dos momentos mais elevados de arrebatamento no amor.

A simples união dos corpos no encontro sexual lembra-nos que somos corpos, basicamente seres físicos; assim, o orgasmo, o momento do florescimento do êxtase, liga-nos à essência espiritual que existe em nós. Considerado no conjunto, o ato do amor é o movimento da corrente mística, elétrica, que funciona como uma eloqüente testemunha de que não somos simplesmente seres físicos, mas templos onde reside o espírito.

Compreender o ato sexual dessa maneira é inclinar-se para o sagrado no seu relacionamento sexual. É pedir mais dele, dar mais a ele e receber mais, muito mais do que você poderia esperar, a julgar pelos artigos das revistas populares sobre como melhorar sua vida sexual. Embora os conselhos pueris das colunas especializadas e dos manuais de erotismo consigam de fato resolver alguns de seus problemas práticos, eles vão encaminhar você para o sexo como se fosse para uma academia de ginástica, uma novela romântica ou uma viagem empolgante, deixando-o com um arrepio apenas físico. Assim lhe é negada a magnífica oportunidade de viver seus encontros sexuais como uma união espiritual do mais alto nível.

No ato sexual, não são apenas os nossos corpos que se deleitam com a felicidade do encontro; mas, por causa do irresistível magnetismo da atração sexual, também somos convidados a contemplar na mente e realmente sentir no corpo o espírito que vive e se movimenta dentro de nós.

Por meio do sexo vivemos um momento de eternidade sem limites. Partilhamos da única experiência acima de todas as outras na vida que nos proporciona a alegria da verdadeira união. O ego e todas as suas preocupações se apagam e o eu se dissolve em completa rendição. Conhecer, sentir e descobrir essa experiência na presença de outra pessoa, quando somos convidados para ter uma relação sexual, é ficar face a face com um dos maiores mistérios da existência humana – no qual somos um espírito incorporado; e no qual, como seres humanos, partilhamos de um milagre.

Encarar o relacionamento sexual dessa maneira é elevá-lo à condição de um encontro sagrado, o que ele é. Agindo assim, você sentirá o seu corpo como um recipiente divino, o seu orgasmo como um dom do espírito e a pessoa amada como alguém com quem você tem o dom de compartilhar o gosto da alegria eterna.

Seja pródigo com os elogios

Todo mundo tem centenas de qualidades para serem elogiadas – mesmo um completo desconhecido. Se você parar por um momento e olhar para a pessoa ao seu lado no ônibus, à sua frente, na fila do caixa, abastecendo no posto de gasolina, vai ver, ouvir, perceber e sentir algo tão sutil, maravilhoso, verdadeiro sobre o ser humano que compreenderá que vale a pena fazer um comentário a respeito. E se você expressar o elogio, por menor que seja a menção a algo que a pessoa tenha de especial, terá a oportunidade de presenciar um desconhecido abrir-se numa reação de alegria.

Que dizer então da pessoa amada, aquele ser especial que você escolheu para honrar, cuidar, que irá apreciar e merecer as palavras de elogio, admiração e reconhecimento pelas quais seu coração vibrará? Muito freqüentemente, as pessoas próximas, se não são desprezadas, não enxergam ou não se lembram de observar. Nós nos esquecemos de reconhecer as altas qualidades, extravagantes sutilezas e emoções singulares que nos levaram a nos apaixonar antes de mais nada. Assim que "conquistamos" o companheiro (exatamente por causa de todas as características que tanto nos atraem e admiramos nele – os belos olhos dela, a clareza de espírito dele, a textura incrivelmente suave da pele dela, o peito másculo dele), costumamos ficar preguiçosos, até mesmo críticos, em relação ao banho refrescante de elogios que poderia eliminar mágoas e aprofundar nossos laços de união.

É como se usássemos os elogios como iscas, para fisgar alguém para amar, e então nos esquecêssemos de que os elogios – a evocação em voz alta, ostensiva e entusiástica de todas as coisas que são boas, ótimas, especiais e raras naquela pessoa tão superior – são, na realidade, o sopro vital do amor.

Os elogios abrem o coração e suavizam a alma de quem é elogiado. Eles modelam e melhoram os comportamentos que enobrecem, estimulando-nos a repeti-los. Os elogios promovem mudanças. Eles atualizam a alma. Mostrando discretamente a grandeza que já existe, eles inspiram a criação contínua de um ser humano cada vez melhor.

Portanto, se você quiser alegrar seu relacionamento, dar-lhe um sentido duradouro de que ele é especial, a sensação de que você é amado, ou está amando, o ser humano mais extraordinário que existe, seja preciso, firme, generoso e pródigo com os elogios.

Aceite os gloriosos compromissos do amor

Existe um componente de sacrifício em todo relacionamento íntimo, não importa quão feliz ou harmonioso ele seja. Ao optar por amar uma pessoa de uma maneira especial, séria, você está optando por desistir de dedicar-se dessa mesma maneira a todas as outras, pelo menos por um tempo.

O amor – o sentimento – e "estar amando" – a experiência arrebatadora – nos levam a querer fazer esses sacrifícios, até mesmo com uma ansiedade fora do comum. É uma alegria escolher alguém acima de todos os outros; é um deleite sentir-se agraciado e abençoado pela presença incomparavelmente deliciosa e consoladora da pessoa amada.

Mas essa escolha, por mais importante que seja e por mais desejosos que estejamos de fazê-la, é também um símbolo de muitas escolhas, pequenas renúncias e revisões de prioridades que, por amor, devemos fazer enquanto seguimos pelo caminho dos relacionamentos. Existe uma série de coisas que fazemos (ou deixamos de fazer) exata e unicamente por estarmos amando. Joana adiou a formatura na faculdade para tomar conta dos dois filhos de Paulo, cuja esposa morreu de câncer. Marcos mudou-se da casa que havia construído para si para viver na cidade onde Renata, seu novo amor, trabalha como professora.

Essas revisões são apenas a ponta do *iceberg*. A cada dia, quando do estiver amando, você se verá diante de decisões e escolhas, instado a assumir compromissos que representam uma vontade de compartilhar o caminho da pessoa amada no prazeroso campo do amor. Portanto, você poderá se ver se adaptando a horários complicados ou a meticulosos (ou confusos) hábitos domésticos (o proverbial tubo de pasta dental amassado de maneira errada... ou perfeita demais), tirando férias que nunca imaginou tirar (mas que acabou adorando, afinal), preparando pratos que nunca apreciou ou entrando em negócios financeiros que levam seu equilíbrio ao limite da resistência.

Um compromisso – que você faz por amor – exige apenas uma coisa: uma revisão consciente das suas preferências. Como tal, ele se torna uma atitude criativa, de sonho, uma oportunidade de crescimento, de viver a vida de uma perspectiva nova e surpreendentemente bela. Mas, acima de tudo, ele demonstra a você a profundidade do seu amor. Porque, quando aparamos as arestas de nossas prioridades, nós nos aproximamos uns dos outros. Ao fazê-lo, vemos que o amor, o profundo reconhecimento da alma da pessoa amada – e não todas as intermináveis particularidades da vida – é verdadeiramente a coisa mais importante que existe.

Fique atento às mudanças

Seu relacionamento está num constante estado de evolução. Assim como o rio, sempre correndo, você não pode passar pelo mesmo ponto duas vezes. Quando você "se apaixona", há certas coisas na outra pessoa que o atraem, que prendem os dois um ao outro, que os unem; mas depois, com o passar do tempo, as coisas mudam. Você muda. A pessoa amada muda. A maneira como vocês eram juntos mudou – pelo avançar da idade ou por doença, por acontecimentos externos (terremotos, perdas e ganhos no mercado de ações) ou pela direção que, em virtude de necessidades pessoais ou econômicas, sua vida em comum acaba tomando. (Ele tinha asma; ela se mudou para outro Estado. Ela perdeu o emprego; ele foi trabalhar no exterior.)

Talvez você tenha planejado um desenrolar para o seu relacionamento, o rumo que você gostaria que ele tomasse; mas a vida e suas surpreendentes artimanhas provavelmente irá caçoar do caminho que você planejou. Quando isso acontece, os acontecimentos e as circunstâncias externas por que você passa também se tornarão um mapa do que está acontecendo a você e à pessoa amada dentro do relacionamento.

Portanto, prestar atenção ao que está acontecendo e comentar a respeito é da maior importância. Isso manterá o casal atualizado. Também os manterá conscientes um do outro – e sabendo de todas as mudanças por que seu parceiro ou parceira está passando na vida pessoal (e também no que diz respeito à vida a dois). A manutenção desse contato (e do conhecimento dos sentimentos mútuos) é a matéria de que se constitui a intimidade. Se o casal parar de prestar atenção (ou de se comunicar), poderá perder o sentimento de ligação profunda que reside no coração do amor.

Prestar atenção também tem um propósito maior. A vida nos

molda o tempo todo, e somos constantemente solicitados a nos aprofundar nos diferentes planos do nosso ser – assim como da própria vida – pela quantidade de experiências que a vida nos propõe. De maneira semelhante, à medida que seu relacionamento evolui, ele lhe cobra também um avanço. Por exemplo, talvez você precise se expressar melhor – chorar, ficar com raiva, dizer coisas que tinha medo de falar – ou descobrir uma maneira de ir mais fundo junto com a pessoa amada – participar de uma discussão em grupo, meditar, orar.

No entanto, não importa o que você faça, a vida e o seu relacionamento estão constantemente cobrando mudanças de você. Se você não prestar atenção, poderá perder oportunidades excelentes – de ganhar mais dinheiro, de iniciar uma nova carreira, de abrir seu coração, de estabelecer um relacionamento sexual mais profundo, de evoluir para alcançar o seu amor.

Portanto, observe sempre o que está acontecendo – com você, com o seu coração, na vida em comum e, acima de tudo, com a pessoa amada –, pois assim não perderá nenhuma oportunidade de estimular, apoiar, aprofundar, melhorar ou renovar seu maravilhoso relacionamento.

Descansem sobre
pétalas de rosas

ão seria maravilhoso se você pudesse dizer simplesmente: "Venha se deitar comigo sobre pétalas de rosas" – se tivesse pétalas de rosas sobre as quais descansar, se dispusesse de tempo suficiente para ficar repousando doce e deliciosamente sobre elas, se tivesse a bela imaginação de murmurar tais palavras antes de mais nada?

Ter a capacidade de pronunciar essas palavras significaria que algumas coisas maravilhosas já teriam acontecido a você – que o seu espírito já está livre; que o seu coração já está aberto e puro; que você já se deixou tocar tão profundamente, tão amorosamente por alguém que poderia querer deitar-se com ele numa cama de pétalas de rosas (sentindo a textura, respirando a fragrância, saboreando a emanação mística); que você já organizou a sua vida, o seu dia, a sua maneira de ser, de modo que, na verdade, seria capaz de partilhar seu convite ao mesmo tempo sábio e estranho.

Ao dizer: "Deite-se comigo sobre pétalas de rosas", você demonstra a coragem de pedir, de se arriscar, de fazer uma tolice, de ter esperança e expectativas, de querer e imaginar algo inusitado, de sonhar com algo mágico.

Venha, deite-se comigo sobre as pétalas de rosas e vamos sentir o aroma das rosas, perfumando nossas tristezas, minimizando a lembrança de todas as tragédias, afrouxando a tensão de todas as terríveis tarefas que nos prendem, atordoam e tão tediosamente empanam o nosso brilho. Vamos repousar um pouco em meio à doce beatitude das rosas, numa adorável sucessão ofegante e sôfrega de beijos, de magia, de eternidade. (...)

Quanto tempo faz que você não fala de maneira tão provocante, sublime e fantasiosa?

Não haverá outra oportunidade como este momento. Não haverá outras palavras tão especiais quanto as que você sente vontade de dizer agora, nenhum outro risco que valha a pena correr como o que você deseja correr agora, para ir além, mais profundamente no doce encantamento do amor.

Portanto, tenha coragem, seja palhaço e herói, e diga à pessoa amada (tendo o Sol por testemunha, a Lua por cúmplice, enquanto os pássaros cantam): "Venha, vamos nos deitar sobre pétalas de rosas e desfrutar o nosso amor."

Pratique a felicidade para se preparar para a alegria

$\mathcal{A}$ felicidade é um estado de bem-estar e prazer, de contentamento, beatitude e conforto. A felicidade é uma iluminação do coração. É a recompensa da diversão, a antítese da preocupação, o remédio para o desespero. Nós a conhecemos em alguns momentos como um frêmito emocionante e delicioso, e sentimos sempre sua falta como o estado em que gostaríamos de viver. Ficamos felizes quando nos apaixonamos; queremos ser felizes quando nos casamos ou vivemos com a pessoa amada; esperamos viver felizes para sempre. A felicidade é uma medida do nosso bem-estar na vida.

A felicidade é uma meta do coração, do eu pessoal e temporal. Ela aprimora o modo como sentimos a vida. Somos mais tranqüilos quando estamos felizes, mais generosos e bondosos. Felicidade gera felicidade. Quando estamos felizes, gostamos de compartilhar essa sensação deliciosa.

Por ser a felicidade um estado emocional, ela depende do comportamento e das experiências: *ela me fazia feliz; ele não me fazia feliz. Eu era feliz na ocasião; não estou feliz agora.* A felicidade é o ponto alto na gangorra das emoções, mas nos confina no campo emocional.

A alegria, por outro lado, é um estado espiritual de ser, a condição de mais alta graça e tranqüilidade, um banho na eterna e doce integridade das coisas. É o estado em que nos encontramos quando as coisas da vida, até mesmo as que nos fazem felizes ou infelizes, não nos preocupam mais. A alegria é uma condição espiritual, o estado eloqüente de perfeição de que a felicidade, no plano emocional, é o protótipo do microcosmos.

Nem sempre podemos sentir a alegria pura; a maior parte de

nossa vida não nos permite ficar sentados desfrutando de um profundo contentamento. Mas podemos, enquanto vivemos, nos preparar para a alegria praticando a felicidade; porque a felicidade, ao contrário da alegria, é algo que podemos produzir conscientemente. A felicidade é produzida por meio da bondade, da vivência do belo, de atos de generosidade e surpresas, da diversão e do uso responsável e cuidadoso de todos os nossos recursos individuais. A felicidade existe em abundância quando a compartilhamos: quando você faz um cumprimento, saboreia uma conquista com um amigo, elogia a lição de casa de seus filhos, admira o novo corte de cabelo de sua esposa ou aprecia um bom filme com seu marido.

Portanto, seja feliz. Porque a felicidade, o sentimento de deleite, do mais puro prazer ante a maravilhosa perfeição das coisas, é o prelúdio, o prefácio e a prática da alegria, que é o contentamento absoluto.

Divirta-se

ão é nenhum segredo que todos nós precisamos de recreação, relaxamento, diversão, distração, parar mesmo, depois da intensa atividade diária. Até existe uma seção nos jornais, todo domingo, para nos atrair, cativar e induzir a fazer viagens e praticar todo o tipo de atividades de lazer que representam uma válvula de escape às tarefas mundanas. Todos nós precisamos demais de diversão.

Mas a verdadeira diversão é mais do que apenas parar de fazer o que se faz na maior parte do tempo. Trata-se de uma abordagem criativa, fantasiosa e divertida, uma maneira nova de encarar a vida e vê-la de uma perspectiva mágica – de cabeça para baixo, de lado ou de trás. É o coelho da cartola no seu habitual sábado à noite.

Quando éramos crianças, sabíamos nos divertir. A diversão vinha fácil, quase sem pensar. Era um dom, um tipo de herança espiritual. Na época, sabíamos que o fato de não fazer nada ou arranjar algo para fazer – qualquer coisa – a partir da criatividade da nossa rica imaginação iria estimular e renovar nosso ânimo. Assim, uma torta de barro era a refeição do dia, um bastão era uma espada e um pedaço de papel crepom verde, um dragão feroz.

No entanto, hoje não sabemos como nos divertir. Não daquela maneira. Muito do que chamamos de diversão de adulto são atividades passivas. Queremos receber tudo de bandeja, tudo pronto; esperamos que nos entretenham – talvez porque, gastando tanta energia todos os dias em tantas coisas em que realmente não acreditamos, é quase como se, não fazendo nenhum esforço, quiséssemos ser recompensados. Ficamos tristes, até com raiva, porque nossa imaginação, nossa criatividade e, acima de tudo, nosso tempo, não estão sendo gastos em coisas que por si sós nos dessem ânimo.

A verdadeira diversão, a diversão do espírito, não tem nada que ver com preencher o vazio, mas sim com esmiuçá-lo. Ela brota do coração; ela lhe trará um profundo alento. Na verdade, a diversão da alma é uma forma muito elevada de diversão. Ela pede que, mais do que meramente se entreter, você busque passatempos e maneiras de relaxar que atendam às mais profundas necessidades do seu espírito – sejam de alegria, liberdade, bom humor ou encantamento estético. E ela é ativa, não passiva. Em vez de entretê-lo calmamente, ela requer que você pare tudo e mude seus padrões de vida, seja reservando uma hora do dia para uma contemplação silenciosa, seja vendendo o seu carro e comprando um balão, seja aposentando-se mais cedo e tornando-se o Américo Vespúcio de sua própria vida. Significa ultrapassar seus limites pessoais, além do familiar, além do conhecido, além do que o mundo lhe oferece, rumo à Terra de Ninguém da sua imaginação.

Nessa sublime diversão, com certeza, nos tornaremos crianças outra vez. Porque a verdadeira diversão do espírito é a descoberta e a verdade, a feliz convicção de que, por nossa própria imaginação, seremos levados sem susto rumo à diversão que nos deleita profundamente.

Respeite a sua raiva interior

$\mathcal{A}$credite ou não, a raiva é um dos componentes mais férteis da sua constituição emocional. É o sentimento acima de todos os outros pelo qual você declara seus direitos em relação ao mundo. Quando você a expressa de maneira adequada, você manda um recado, por assim dizer, às pessoas cujo comportamento o incomoda. Você diz, com efeito: "Não vou mais tolerar seus maus-tratos; haverá conseqüências – a minha raiva – para a sua conduta."

A raiva é uma emoção de auto-estima. Ela é a sua maneira de dizer que valoriza a si mesmo, que acredita que merece ser bem tratado e que está disposto a rosnar, arranhar e morder (em linguagem figurada, é claro) para se fazer entender, caso o tratamento que está recebendo não seja o que você acha que merece.

Há dois tipos de raiva: a raiva existencial e a raiva emocional. A raiva existencial – raiva contra "a maneira como as coisas são" (seu pé torto, a insuportável sensação de perda quando sua esposa morreu no acidente de avião) – é o desapontamento da alma perante a condição humana. Como pessoas, podemos apenas sentir essa raiva e aceitá-la. Mas, quando o caso é a raiva no campo emocional (a maneira como a pessoa amada respondeu quando estava levando você de carro ao aeroporto), controlá-la é uma questão de auto-estima e de poder. Para lidar com esse segundo tipo de raiva, a raiva no relacionamento, eis algumas dicas importantes:

- É melhor deixá-la sair do que guardá-la dentro de si.
- Pode ser que ela seja como um cachorro louco; portanto, ao soltá-la, use uma focinheira.
- Tente usar termos exatos. Do que exatamente você está com raiva? – não "de tudo", mas "da maneira como você me respondeu a caminho do aeroporto".

- Lembre-se de que o objetivo é acalmar: você (ao liberar finalmente a sua raiva, em vez de guardá-la como um nó dentro do peito), a pessoa amada (dando-lhe a oportunidade de mudar seu comportamento ou pedindo-lhe perdão) e seu relacionamento (limpando o terreno para que aconteça algo novo).

Expressar sua raiva ajuda você a se sentir bem emocionalmente, porque você tira um peso do peito. Mas o que isso faz pela sua alma? Abre caminho para a atuação dela num nível mais profundo.

Compartilhem os momentos de transcendência

Vez por outra, muitos de nós temos o que às vezes se chama de "experiência espiritual". Um dia, sem tentar ou imaginar, resvalamos pela ciranda da vida, como normalmente a conhecemos, e temos a experiência de algum acontecimento maravilhoso. Pode ser uma luz muito bela, uma sensação de alegria infinita, uma coincidência tão profundamente assombrosa que nos convence, de forma absoluta, nem que seja por um momento, de que fazemos parte de um mundo e de um sistema de vida tão imenso, tão sofisticado e tão aprimorado no seu projeto extraordinário que nos curvamos diante dele, assombrados e transformados para sempre.

No passado, imaginávamos que essas coisas só aconteciam com místicos e santos, pessoas que dedicavam a vida inteira ao caminho espiritual. Mas a verdade é que o que chamamos de "experiência espiritual" – um encontro direto com o mistério em que vivemos e de que somos parte indistinta – é um acontecimento para o qual toda a nossa vida é uma metáfora e em cuja direção nossa vida está seguindo.

Assim como as emoções são uma expressão natural da personalidade, viver o numinoso – o que há de sagrado e exaltado em nós – é a experiência inerente da alma. Na verdade, se você perguntar a cada pessoa que conhece, ficará surpreso ao descobrir quantas pessoas já tiveram um encontro com o sagrado.

Ao ser brindado com essa experiência, ao ser tocado por um momento pela transcendência e ao compartilhá-la com a pessoa amada, você, por assim dizer, a está convidando a participar dos segredos da sua alma. "Assim que me deitei, senti uma presença boa e maravilhosa entrar no quarto. Pensei que talvez fosse a morte, mas ela foi gentil, luminosa e bondosa. Ficou ao meu lado por um breve instante, fazendo-me desfrutar uma doce experiência de alegria indizível, e então se foi."

"Deitei-me na grama, olhando sem pensar para as nuvens, quando de repente elas se separaram e o céu se abriu, revelando aos meus olhos uma inefável, interminável e radiante presença iluminada. Essa luz me banhou; envolvendo-me, ela me elevou, de modo que eu não era mais eu, mas algo que se fundira a ela."

Experiências sagradas como essas, de tirar o fôlego, são bênçãos da divindade. Embora as referências a elas sejam acontecimentos isolados, extraordinários ou até mesmo "paranormais", nenhum de nós está livre de vivê-las; porque elas são heranças verdadeiras de nossa alma, e quanto mais nos abrirmos para elas, mais probabilidade existe de que elas aconteçam.

Portanto, compartilhe com a pessoa amada suas experiências com o sagrado. Assim, vocês se lembrarão de que o divino está sempre conosco. Vivemos nele; e ele vive em nós.

Repouse no esplendor do perdão

$\mathcal{A}$ proximidade intensa do amor e a vulnerabilidade a que ele nos expõe muitas vezes causam sofrimento naqueles que amamos, mas também ferimos a nós mesmos. Está escrito nas estrelas. A outra face da alegria do amor é a dor que ele em geral nos causa.

Uma vez que o amor inevitavelmente nos fere, o remédio para esses ferimentos – a dor que compartilhamos e os golpes aflitivos que recebemos – é tão simples, mas quase impossível: o perdão. Na perspectiva do olho por olho, todos merecemos vingança; não há uma boa razão para perdoar ninguém por nada. Mas o perdão não é um ato psicológico – fazendo o outro sofrer, você se sentirá melhor consigo mesmo; é uma ação da alma para o bem do coração ferido.

Todos nós temos coisas horríveis, imperdoáveis, que devemos perdoar. Se não fossem imperdoáveis – merecedoras de vingança cega – não precisaríamos aprender a perdoar. Mas precisamos aprender. Podemos fazê-lo. E de fato perdoamos.

Perdoar não é esquecer (reprimir), ignorar (fazer-se de cego) nem fingir (com uma série de racionalizações) que aquela coisa horrível não aconteceu. É, muito pelo contrário, considerando-o como um todo, sentir as dimensões do ferimento e então, pela alquimia da alma, procurar mudá-lo.

Como se perdoa? Em primeiro lugar, coloque-se no lugar do ofensor: se você fosse ele, será que também não teria feito a mesma coisa naquelas ou em quaisquer outras circunstâncias? Em segundo lugar, considere a pessoa fora do contexto em que ela feriu você e coloque-a por um momento em algum outro contexto – onde ela estava, por exemplo, quando era criança, junto com os pais, ou onde ela estava uma hora, um dia ou uma semana antes de ter agido daquela forma, magoando-o. Então abra os olhos e o coração e deixe fluir sua compaixão.

O perdão é duplamente abençoado. Ele libera a pessoa perdoada da culpa e você da amargura. O perdão ilumina a questão. Ele permite que o amor, e não o julgamento, brilhe. O julgamento paralisa a alma; o perdão leva seu espírito a desabrochar.

Seja receptivo ao mistério

O amor do coração e da alma é misterioso. Ele se arrisca. Ele acredita em milagres. Ele é vida, movimento, magia, música, o momento evanescente, a surpresa agradável. Ser acessível ao mistério significa que você está aberto, na expectativa, esperando – mantendo-se continuamente na ponta dos pés, preparado para ser iluminado –, não fechado em suas próprias expectativas sobre como acha que tudo deveria acontecer.

Na vida, assim como no amor, isso corresponde a viver livremente, com a mente solta das amarras, não tagarelando sem parar: "Mas isto deveria ser desta maneira" ou "Pensei que seria daquela maneira". Nossas idéias, aquelas sistemáticas elaborações do intelecto e da psique, só servem para limitar nossa realidade, eliminar as possibilidades, criar um universo tão complexo e variado quanto as mentes atarefadas que os inventam. Na verdade, se fôssemos bem versados nos conceitos da mente, nós só reconheceríamos as coisas, permitindo que entrassem na nossa vida os tipos de experiências que confirmassem o que a nossa mente já sabe.

Quando decidimos provar a nossa suspeita, suprimimos as chances de nos aproximarmos do que é milagroso. É por isso que estar acessível ao mistério significa querer acreditar que algo mais ou algo diferente – que você nem pode imaginar – pode existir e está esperando por você. Na verdade, ao se entregar, você tem a possibilidade de embarcar numa experiência tão grande, esplêndida e importante que, verdadeiramente, você se sentirá como se tivesse acabado de sair deste mundo. Ainda assim, os milagres nos esperam em todo lugar, em todas as dimensões da vida. Nós nos apaixonamos; os filhos nascem; estamos numa rua de uma cidade estrangeira e encontramos um amigo de infância. Dormindo, sonhamos, e ao sonhar encontramos soluções para alguns dos nossos problemas mais complexos. Seja na bela e inesperada projeção da nossa vida diária como a vivemos normalmente, seja na almejada e mágica iniciação de uma vida espiritual mais profunda, estamos todos sendo convidados a participar – de um mundo maior, de uma luz mais brilhante, de um lar mais verdadeiro.

Na verdade, à medida que vivemos, somos brindados o tempo todo com acontecimentos e encontros que, por desafiarem nossas expectativas, nos incitam discretamente a mudar. A que grau iremos mudar dependerá da nossa atitude: por um lado, podemos desprezá-los, por causa de nossa mente; por outro, podemos estar prontos a receber o que estão oferecendo, pois estamos positivamente receptivos.

Estar receptivo ao mistério, portanto, é querer ser surpreendido – como a criança que descobre o próprio rosto no espelho ou o amante que, ao despir a amada, descobre os segredos dela. Estar aberto ao milagre é, enfim, ser amplamente abençoado. É seguir com graça, ao levar a vida com suavidade, das montanhas da mente aos rios do coração.

Conheçam-se um ao outro como às estações do ano

A jornada do amor é repleta de doces conhecimentos: a doce alegria, no primeiro amor, de descobrir todos os pequenos segredos da amada, sua flor e seu perfume favoritos, a cor que combina com seus olhos; a camisa dele, de flanela xadrez, a maneira como ele amarra os sapatos, seu creme de barbear e aquele pêlo rebelde na sobrancelha; o cheiro da pele dela, a textura de seu cabelo, a gaveta onde ela guarda sua roupa íntima.

Mais tarde, vêm os hábitos da convivência do amor – o ruído das chaves quando ele fecha a casa, o barulho do chuveiro, toda manhã, enquanto, cantando, ela lava os cabelos. A maneira como ela rola na cama durante a noite, como ele dorme como um santo, com as mãos cruzadas sobre o peito; o que ele sabe consertar; o que ela sabe costurar.

E as mudanças, deste ou daquele jeito. As discussões. As palavras duras e a raiva. E muito amor no meio disso. Fazer amor, dar-se as mãos. E quanto aos filhos, desejá-los sem ter certeza de querê-los; ficar com medo, e com tanta alegria, vê-los dormindo e sendo carregados, à noite, nos braços dele; como ele é carinhoso, como ela é tão calma e tão severa com os filhos.

É ver os anos passando. Indo e vindo. Vindo e vindo. Indo e indo. Outono, primavera, inverno, verão. Tão devagar e sem fim, fechando-se e abrindo-se maravilhosamente. E indo tão depressa. E como passamos cada ano, fizemos tantas coisas. E pareceram tão poucas. Cada dia, tantas refeições, tanto trabalho, tanta conversa. Cada dia como uma cidadezinha num mapa, e a viagem que fizemos até ela. E as caminhadas e a luminosidade, a mudança da luminosidade. E quanto viajamos. E quantos presentes trocamos. No Natal.

Nos aniversários. E todas aquelas palavras. As cartas. As coisas que dissemos. As coisas que murmuramos. Amo você. Boa noite. Adoro você. Você é o máximo.

E como o tempo passou. Ele ficou mais velho. Seu cabelo ficou grisalho, e como as rugas delicadas e o sol mudaram o contorno de seus olhos; e os olhos dela, mais suaves agora, mas ainda azuis, e depois de tantos anos começam a se esvanecer, e como a flor que ela amava e sua cor predileta e, sim, seu perfume, todos ainda são os mesmos; e como ele ainda dorme como um santo, com as mãos cruzadas sobre o peito, e como as lembranças de agora e o esquecimento são todos uma única e longa canção, e como nós nos fundimos, nos entretecemos, nos tornamos amigos, nos tornamos uma só alma; como aqui no final nos conhecemos tão bem, como o pássaro conhece o ar, como o banco da neve conhece a neve; e, como ele disse muito tempo atrás, até que nos conheçamos um ao outro como as estações do ano; e agora é primavera, agora é verão, agora é outono, agora é inverno; e nós conhecemos, conhecemos, conhecemos.

A Busca do Significado

Viva a verdade

Não existe nada mais puro do que a verdade. Ela permanece imaculada em seu próprio mérito, esvaindo-se por meio da falsidade e do engano, brilhando resplandecente como um totem espiritual ao redor do qual toda a nossa vida se organiza. A verdade é indivisível, extraordinária, eterna, o alfa e o ômega da nossa existência mortal. Nada, a não ser ela mesma, jamais poderá se equiparar a ela; e nada, a não ser ela própria, será capaz de ocupar seu lugar.

Viver a verdade é uma das ocupações da alma em todos os níveis e em todos os setores da nossa existência. Viver a verdade consigo mesmo é por si só uma jornada, uma existência em autocrítica e descoberta. Viver a verdade com outra pessoa é uma jornada de risco e compaixão. Para isso é preciso ouvir, estar aberto. Isso inclui o momento de empatia em que nos dedicamos a expressar aquilo em que acreditamos para nos solidarizar com o outro em sua vivência pessoal. Viver na verdade com muitas outras pessoas, com a maioria dos amigos e conhecidos ou com a comunidade mundial é um exercício do espírito. Para isso precisamos crescer, nos expandir. Às vezes, talvez seja necessário ficar de lado ou até mesmo ver como impreciso ou errado o que antes considerávamos verdade no nosso limitado contexto individual.

A verdade é uma jornada para si mesma. Viver na verdade é estar consciente de que, ao mesmo tempo em que o seu contexto muda, sua opinião e o espectro de verdade que seu coração e sua alma podem conter também mudarão. Hoje, a sua verdade pode já não ser a mesma que foi um dia ou que será no futuro; mas é sua obrigação viver e expor a sua verdade do momento e estar disposto a mudá-la, caso alguma verdade maior seja revelada.

Nos relacionamentos, começamos com pequenas verdades –

com o que é verdadeiro no momento para nós – e as expomos, no amor, às pessoas que amamos. Começamos com o nosso histórico, as nossas necessidades, as nossas esperanças e os nossos sonhos, depois seguimos em frente, passando pelas inúmeras e variadas vicissitudes do nosso eu pessoal sempre em crescimento, no sentido da verdade que nos abrange a todos. Porque a verdade suprema é imensa; ela engole todas as outras verdades, nossas pequenas verdades individuais, as contradições que nós todos vivemos e até mesmo as verdades maiores dos paradoxos e dogmas, de princípios e leis.

Comece a sua jornada rumo à verdade. Procure a sua verdade interior que está querendo ser expressa e encontre as palavras para exprimi-la. Observe a verdade que impera no seu meio, que é transmitida, adotada e declarada por todos os seus amigos e conhecidos. Viva a verdade superior do modo como você a conhece, como ela lhe é revelada – pela arte, na música, na literatura, na natureza e nos sonhos. Receba a verdade que o envolve, porque ela está em toda parte. Entregue-se à verdade, porque ela é a luz suprema. Oriente-se pela verdade, porque viver a vida na verdade é viver em perfeita liberdade.

Encare a pessoa amada como um ser espiritual

Todos nós sabemos que uma pessoa é muito mais do que aquilo que o olho capta, que nos apaixonamos pelo que está no interior dela, não só pelas suas qualidades superficiais, e que existe algo dentro de cada pessoa que nos atrai de maneira silenciosa e irresistível. Trata-se do espírito interior, o sopro divino que cada um de nós carrega.

É a ligação com essa essência que buscamos no amor, e quando nos apaixonamos somos capazes de sentir esse sopro divino e ver mais claramente o espírito da pessoa amada. Nesse momento sublime, percebemos, de uma maneira que não é propriamente mágica – ainda que não propriamente comum – que esse ser humano em particular é raro, lindo e refinado, de uma maneira que vai muito além de todas as particularidades que possamos comentar a seu respeito. Então, em certo sentido, relaxamos nossa percepção normal e vemos "pela lente do amor".

Os olhos do amor são, na verdade, as percepções sinceras e generosas pelas quais somos capazes de ver não apenas os traços de personalidade, mas também o brilho da alma. Com essa visão apreendemos não só as coisas da superfície – como ele está vestido, quanto dinheiro ela tem –, mas, por um momento, a divindade da pessoa amada.

Se continuarmos a ver a pessoa amada como um ser divino, muito tempo depois de terem se desvanecido o afã e o fulgor daquela primeira percepção, por obra da multiplicidade de obrigações e tarefas da vida em comum, você ainda será capaz de se voltar, através dos olhos interiores da alma, para a verdade mais profunda do ser amado. Você verá a pessoa amada como uma radiância, como uma alma linda e infinita; você a verá como o amor que ela incorpora, como a alegria infinita que nela encontrou sua morada.

Infelizmente, com o passar do tempo, nos esquecemos de ver dessa maneira. Normalmente, a vida leva vantagem, e nós nos entregamos a ela. Por intermédio da álgebra da necessidade, recolocamos o "x" do divino em nossas percepções, ao lado dos ABCs de emoções e cobranças da vida diária.

No entanto, você pode treinar-se para lembrar. Se mantiver o coração aberto, nem que seja um pouquinho mais, o amor se tornará a sua lente de aumento. Um milhão de problemas irão desaparecer de imediato e todas as dificuldades da vida pelas quais você passa normalmente se dissolverão de repente. Desviando o seu foco, você pode olhar de novo, de maneira direta e pura, nos olhos da alma do seu ser humano divino.

Então não haverá mais diferenças entre você e a pessoa amada. Suas diferenças serão todas fundidas na resplandecente unidade que vocês irão compor. E, à luz da sua alma, restará você com o seu espelho do divino.

Tenha a coragem
de dizer "não"

Somos definidos na vida e no amor não só pelo que temos coragem de assumir mas também pelo que temos coragem de enfrentar. Num filme antigo, *Vício Maldito*, um homem e uma mulher mergulham numa espiral selvagem de alcoolismo, o tempo todo incentivando um ao outro a beber. Por fim, o homem diz *não* para si mesmo e depois, conseqüentemente, para a esposa.

A vida nem sempre nos pede posturas tão radicais, e o caminho para os nossos "nãos" não é assim tão sofrido. Mas sempre haverá situações a que deveremos dizer *não* – para nós mesmos e em nossos relacionamentos –, senão iremos parar num caminho que não nos fará nenhum bem.

Às vezes, esses nãos são pequenos e simples, uma declaração sincera de preferência que é uma afirmação serena do seu direito de ser você mesmo: "Não, eu não quero ir ao *show* à noite; ficarei muito cansado para ir trabalhar de manhã." "Não, eu não quero sobremesa." "Não, eu não quero ir à festa." Em outras ocasiões, a situação pede mais energia, requer que você realmente assuma uma posição: "Não, eu não quero comprar um...; já estamos devendo muito dinheiro"; ou então, como no filme inesquecível, elas envolvem questões de vida e morte: "Não, eu não vou desistir da reunião dos Alcoólicos Anônimos só porque você quer que eu fique em casa numa noite de terça-feira."

Ao ter coragem de dizer *não*, você demonstra que confia em si mesmo e no seu relacionamento; que você acredita que a união tem força e flexibilidade para absorver o seu *não* e também, como uma conseqüência, crescer – em bem-estar, em força moral. Ao dizer *não*, você exercita a fé em que vocês dois, juntos, podem viver de acordo com os valores representados pelo seu não, reconhecendo que esses valores levarão vocês a um plano mais elevado do que aquele representado pelas coisas contra as quais você está escolhendo resistir.

Com certeza, podemos beber cinco doses a mais e perder a consciência. Sim, somos capazes de dizer uma mentira e perder a integridade. Sim, eu posso me render a todas as preferências do meu parceiro e depois me ressentir contra ele por tê-lo feito.

Um *não* é uma escolha do bem, da verdade e da coisa mais bonita; e, num relacionamento, uma escolha da força, da beleza e das possibilidades do relacionamento em si. Tenha a coragem de dizer NÃO!

Expresse seus maiores medos

A maioria das pessoas está de tal modo abatida e magoada emocionalmente que, quando ama, tenta fingir que não está emocionalmente abatida e ferida. É como se nos sentíssemos tão afortunados por ter transcendido nossos medos por um momento, ao nos apaixonarmos, que queremos fingir para nós mesmos (antes de mais nada) e para a pessoa amada (com o tempo) que não existem pesares do passado na nossa personalidade.

É um tipo de tentativa fracassada de ser gentil com a pessoa que amamos. Eu não quero que ela saiba que eu tinha um medo terrível de ser abandonado, um caso de depressão, um problema de dinheiro, um distúrbio alimentar, ou que vivo com medo de que o meu problema algum dia volte a me dominar. Eu a amo tanto; quero dar a ela o melhor de mim, não o fardo de meus medos.

O problema dos nossos medos profundos, no entanto, é que eles sempre ditam as regras. Eles sempre assumem o comando. São sempre mais fortes e poderosos do que tudo o que possamos fazer para subjugá-los ou compensá-los. Eles vêm de um ponto tão profundo na nossa psique que, de uma maneira ou de outra, acabam vencendo.

Se o seu maior medo é ser abandonado e você não se abre para que essa parte do seu ser seja curada, inconscientemente você acabará refazendo o processo – apenas porque deseja tanto que aconteça. Se a pessoa amada não o abandonar, você fará algo (se tornará um alcoólatra, um viciado em trabalho, ou terá um caso com alguém, por exemplo) para que ela se sinta tão rejeitada que de fato *irá* abandoná-lo, exatamente como você "esperava".

O mesmo acontece com todos os seus outros medos: de não ser importante, de não ser bastante inteligente ou bonito, de ser controlado, maltratado ou dominado. Se você não comenta sobre seus problemas, estará propiciando uma situação em que eles realmente vão aparecer de novo, porque nossos medos, assim como crianças tristes e abandonadas, continuam batendo à porta do nosso coração até que os deixemos entrar.

Portanto, se você não os compartilhar com alguém, se não os expuser para serem observados e amados, eles controlarão diabolicamente a sua vida. Expressá-los – de maneira aberta, direta e sincera – cria uma profunda intimidade. Os medos se dissolvem sob a pura luz do dia; eles são eliminados no banho do verdadeiro amor.

Reconheça a ambivalência do seu relacionamento

Quer estejamos conscientes disso, quer não, todos nós vivemos nossos relacionamentos de acordo com alguns mitos profundamente arraigados. De acordo com esses mitos, qualquer que seja o tipo de nossa união – um casamento, uma vida a dois a longo prazo, ou o (no momento) "romance de nossos sonhos" –, ela será um caso totalmente satisfatório, cotidiano, doméstico, exclusivo, para a vida inteira.

Esses mitos não deixam muito espaço para respirar. Todos nós tentamos conquistar esse estado de alegria, perfeição, contentamento, mas em algumas ocasiões nos sentimos sufocados. Isso acontece porque, não importa quanto combinemos juntos, quão profundo seja o nosso amor ou quanto compartilhemos nosso espaço com outra pessoa, temos de viver relacionamentos que afirmam a nossa necessidade de amar mas negam a nossa necessidade de liberdade. Todos nós temos essas duas necessidades. Precisamos da segurança do relacionamento, da alegria da união, mas, ao mesmo tempo, da amplidão da liberdade – um tempo para ficar sozinhos e ser nós mesmos, a excitação e a inspiração de nossos amigos pessoais, a oportunidade de conhecer coisas novas. É por isso que, não importa o quanto você ame, não importa quão feliz você esteja no seu relacionamento, ou quanto você deseje que ele dure para sempre, é provável que ainda sinta uma certa comichão de ambivalência a respeito.

Essa ambivalência, vagamente reconhecida (na forma de "noites de sair com os amigos") ou completamente reprimida (como nas músicas nas quais se diz: "Você é tudo para mim"), reside no cerne de todo relacionamento e, se chegar ao ponto do *stress* (quando o desejo de liberdade e crescimento pessoal supera nossa vontade de ficar juntos e de pertencer um ao outro), pode tornar-se o motivo do "rompimento".

Essa ambivalência é tão difusa e disfarçada porque não conversamos a respeito. Achamos que, se nós "realmente" amamos a outra pessoa, não "devíamos" nos sentir assim. Portanto, não podemos dizer: "Gostei quando você esteve fora por seis semanas; agora que voltou, estou me sentindo enclausurada... Eu gostaria de sair para jogar baralho com os amigos uma noite por semana." Não dizemos: "Adoro você, mas gostaria de dormir sozinha por uma semana."

Ainda que amemos de verdade, nossa incapacidade de conversar sobre a nossa necessidade de uma vida pessoal, particular, é que geralmente nos leva a expressar essa necessidade como um ataque definitivo e desesperado contra um relacionamento que, se não fosse por isso, seguiria em frente tranqüilamente.

Embora nunca venhamos a resolver inteiramente esse paradoxo humano, podemos chegar a um estado de verdadeira paz se começarmos a admitir, para nós mesmos e para a pessoa que amamos, que manter um relacionamento exige um equilíbrio na gangorra dessa ambivalência.

Aceite as coisas como elas são

Em geral, ao começar um relacionamento, vemos suas possibilidades óbvias, imaginamos determinados resultados e nos envolvemos com nossas próprias expectativas. No entanto, o que de fato acontece costuma ser radicalmente o oposto do que esperávamos. A pessoa com quem você queria se casar tem fobia de compromissos. A mulher que você achou que daria uma ótima mãe decide cursar advocacia. O pretendente com um fundo inesgotável de ações decide doar todo o seu dinheiro e ir morar numa caverna. Viradas surpreendentes podem acontecer até nos níveis mais simples: "Quando me apaixonei, ele estava usando uma blusa de lã azul e calça de flanela cinza; depois que nos casamos, ele só usa *jeans* e camiseta."

As expectativas podem ser de dois tipos: gerais e específicas. As expectativas gerais têm que ver com nossos sonhos e planos para um determinado relacionamento – que levará ao casamento, produzirá filhos, fará você "feliz". As expectativas específicas têm que ver com aquilo que esperamos do parceiro no dia-a-dia – ele vai pôr o lixo na rua, ela vai educar as crianças de um modo que eu aprove. Num certo nível, todas essas expectativas são razoáveis: é certo ter planos e metas de longo prazo e é legítimo esperar determinado tipo de participação da pessoa amada.

Mas quando o relacionamento se torna uma litania de expectativas frustradas – o que você esperava mas não aconteceu –, é hora de examinar o que está acontecendo de uma perspectiva completamente diferente. Talvez, em vez de precisar "se comunicar melhor" ou "discutir suas diferenças" no plano emocional, vocês estejam precisando aprender, no plano espiritual, a aceitar as coisas como elas são.

Aceitar – encontrar um jeito de ficar à vontade com as coisas como elas são – é, na verdade, um estado espiritual muito evoluído.

Implica superar os preconceitos do seu ego e render-se ao que está acontecendo a você. Talvez ele não seja o provedor que você esperava, mas a força espiritual dele é uma fonte de inspiração constante; talvez ela não cuide tão bem da casa como você queria, mas a maneira como ela cria os filhos é absolutamente maravilhosa.

A aceitação permite que seu espírito cresça. Ao ser capaz de reconhecer os pequenos milagres e as grandes lições que tomam o lugar das suas expectativas, você de repente descobre que aquilo que esperava é ridiculamente insignificante comparado ao que você tem ao seu alcance e que, de uma maneira muito mais complexa e bonita do que você poderia ter imaginado, sua vida está seguindo um desígnio sagrado.

Assim, se quiser uma vida maior do que a vida e um relacionamento superior às suas mais incríveis esperanças, deixe de lado suas expectativas e comece a aceitar as coisas como elas são.

Enfrente suas negações

A negação – esquecimento verdadeiro, não admissão, não consentir em saber, ver, enfrentar ou reconhecer uma verdade difícil sobre si mesmo – é uma postura psicológica que a maioria das pessoas usa em graus variados. A negação desempenha funções emocionais e até mesmo espirituais. Ela é sempre uma parede em torno da dor. A negação nos protege da dor, dos maus-tratos, de ser abandonados, de maus exemplos e decepções amorosas que são sempre difíceis de encarar de frente. Mas a negação é uma solução temporária, imperfeita; e suas conseqüências a longo prazo podem ser muito piores do que enfrentar logo a dor que a causou.

Praticada sistematicamente, a negação representa um compromisso espiritual, uma incapacidade que ameaça limitar nosso crescimento em todos os níveis. Ela isola as nossas qualidades e comportamentos, os quais, enquanto são negados, têm a capacidade de restringir, se não de destruir completamente, a nossa vida. Portanto, uma alcoólatra nessa situação corre o risco de bater o carro, ir presa, perder o marido, o emprego, os filhos, o padrão social, a alma e a vida, enquanto permanecer na sua negação; e a pessoa que se recusa a admitir seu uso abusivo de cartões de crédito corre riscos parecidos.

Por sua própria natureza – uma ignorância inconsciente mas profundamente intencional –, é difícil identificar as nossas negações. Fazê-lo requer coragem e desprendimento espiritual, que nos permitirão encarar nossos aspectos negativos. Se o seu parceiro atual, uma ex-namorada, cinco amigos, seis conhecidos e alguns inimigos sugerem que você tem um problema com o álcool, que você é um manipulador passivo-agressivo, que a maneira como manifesta a raiva é absolutamente inadequada, é melhor criar coragem e examinar bem (com ajuda profissional, se precisar) a possível verdade contida nessas (sem dúvida difíceis de ouvir) acusações.

É doloroso olhar atrás da cortina de nossas próprias negações. São tantos aspectos a encarar – mágoas antigas, o medo de que não teremos forças para prosseguir. Na verdade, enfrentar as negações requer coragem justamente porque isso talvez pareça mais um ataque a um ego frágil e a uma auto-estima vulnerável do que um passo à frente rumo ao crescimento pessoal.

No entanto, esses entraves fazem parte do processo. O ego, e até mesmo a auto-estima, quando os mantemos num plano muito elevado ou nos prendemos demais a eles, podem ser, eles próprios, uma base para a negação. Estamos tão envolvidos em protegê-los, como imagem, que nos esquecemos da verdadeira pessoa que existe por trás deles. A verdade é que não há nada tão bom quanto a sua pessoa – *você*, exatamente como é, com os sentimentos que sempre teve dificuldade de admitir, com as falhas que o caracterizam de maneira tão sedutora, com a tristeza e a mágoa que você *é capaz* de suportar.

Portanto, tenha coragem e encare suas negações, porque por trás delas se esconde um espírito radiante, um eu completo, novo e consciente, que só está esperando você encarar a verdade para, finalmente, nascer.

Respeite o sexo oposto

Sem dúvida, é lamentável e parece quase estranho que precisemos realmente de orientação e estímulo para respeitar o sexo oposto. Mas infelizmente, depois de ser bombardeados durante décadas por atitudes, artigos e livros que salientam as diferenças entre homens e mulheres, vivemos hoje num mundo em que somos envolvidos pelo antagonismo entre os sexos. Pelo bem da união na vida social e nos nossos relacionamentos íntimos –, devemos realmente fazer a escolha consciente de respeitar o sexo oposto.

Respeitar significa valorizar, cuidar, ser carinhoso, honrar em vez de desprezar as diferenças existentes, lembrando-se da beleza inerente em cada um, apreciando os contrastes, saboreando lucidamente as bênçãos do outro. Significa não erguer barreiras em torno das diferenças, mas apreciar cada uma delas, como o complemento e o equilíbrio para a nossa singularidade sexual.

Também significa ir da superfície para a profundidade, compreendendo que entre os conhecidos costumes do sexo, todos nós incorporamos uma consciência evolutiva e que carregamos no íntimo uma riqueza emocional semelhante no que diz respeito aos sentimentos mais profundos. O sofrimento do homem com a morte do seu pai não é menos verdadeiro do que o pesar da mulher pela perda da mãe. O coração do homem se emociona tão profundamente com um esplêndido pôr-do-sol, com o farfalhar das folhas do choupo num parque florestal ou com uma manhã fria e cristalina de outono quanto o da mulher. No fundo, todos nós sentimos as nossas mágoas e nos emocionamos com a grandeza e os milagres que nos atingem, não como homens ou mulheres, mas como seres humanos.

Ao tomar consciência disso, deixamos de lado o inconveniente hábito de focalizar nossas diferenças, admitindo gentilmente que podemos nos respeitar um ao outro sem nos magoar ou enganar. E também nos lembramos de que, se vivemos e sofremos, vivemos e sofremos em nós, e que o amor verdadeiro, o amor espiritual, está além do masculino e do feminino, muito além dessa questão de sexo.

Abra-se para receber a mensagem

A vida é pródiga em mensagens para nós. Elas surgem de muitas formas, chegam em embalagens inesperadas, são transmitidas em inúmeras freqüências. Se ouvimos a notícia de que está se aproximando um furacão, é provável que mudemos nossos planos; se vemos um filme e ficamos emocionados até as lágrimas, nosso coração começa a se abrir; se caímos da escada ao correr para a porta a fim de pegar o próximo ônibus, estamos sendo "avisados" para ir mais devagar. E se você encontrar o amor da sua vida num seminário, decidir vender sua casa e mudar-se para Paris a fim de ficar com ele, está tendo uma demonstração de que a vida pode ser mágica. São tantas as mensagens... e se estivéssemos abertos para recebê-las, elas mudariam completamente a nossa vida.

A maioria das pessoas acha que recebemos informações através dos olhos, dos ouvidos, do nariz e das mãos, o que naturalmente acontece; no entanto, assim como permitem o acesso à informação, esses órgãos dos sentidos também servem para *limitar* o que percebemos. Quando ouvimos com os ouvidos, podemos *ouvir* o som mas não compreender todo o significado do que está sendo dito. Quando *vemos* com os olhos, podemos observar um objeto mas não necessariamente entender a essência que jaz no seu interior; e quando *tocamos* com as mãos, talvez não sintamos tudo o que existe para ser sentido.

Estar aberto para receber a mensagem – qualquer que seja a sua forma – significa estar aberto com a consciência. Significa que, em vez de definir a tradução que sua mente fará das mensagens captadas pelos órgãos dos sentidos, você também colocará seu corpo e seu coração à disposição para ouvir, ver, sentir e conhecer.

O corpo tem um conhecimento e o coração tem uma sabedoria que estão muito além da visão dos olhos, da audição dos ouvidos, da sensação tátil das mãos e até mesmo da sensibilidade olfativa do nariz.

Na verdade, ouvir com o corpo é uma experiência grandemente receptiva, pois o corpo é um instrumento bastante sensível. Por meio dele, as mensagens podem ser apreendidas diretamente – como um calafrio, uma dor ao redor do coração, uma aceleração da pulsação, um escurecimento ou enevoamento da vista. No corpo é possível "saber" imediatamente, sem nenhuma sombra de dúvida, o que antes não se conseguia apreender. O mesmo se aplica a quando você ouve com o coração. O coração não tem categorias, compartimentos, não sabe dizer bom ou mau, sim ou não. O coração aberto é um poço de recepção; ele é tocado inteiramente pelo que percebe.

Nesta vida, temos a sagrada oportunidade de nos expandir, e nos expandir até nos tornarmos receptivos a todas as mensagens, não importa o momento, qualquer que seja a sua forma, para estarmos abertos em tal grau que poderemos apreender a verdade materializada em tudo e em todos. Para isso, não basta ser bem-informado; é preciso ter uma vida mais aberta e consciente em todas as dimensões.

Pratique a coragem de criticar

A crítica, as palavras com as quais você avalia e relata diretamente o comportamento dos outros, incluindo seus aspectos negativos, é uma das tarefas que exigem mais coragem num relacionamento íntimo. Ela requer responsabilidade, generosidade de espírito, integridade e ponderação para apresentar o tipo de crítica que talvez represente uma possibilidade de transformação para a pessoa amada. (Saber o momento certo, é claro, também é importante, pois existem bons e maus momentos para criticar.)

Costumamos considerar a crítica como algo puramente negativo, o impiedoso menosprezo de uma pessoa ou do seu comportamento, até abater-lhe o ânimo. Mas não é preciso que seja dessa maneira; na verdade, a crítica legítima é realmente uma forma de arte. Bem feita, pode ser um ótimo instrumento para moldar o caráter e a personalidade, uma forma de atenção do mais alto nível. Ela quer dizer, na verdade, que eu entendo que você é uma pessoa de valor; eu acredito que você quer melhorar e no meu coração tenho a imagem de quem você poderia ser na sua melhor forma. A crítica, feita com gentileza, torna-se então uma forma de incentivo, um meio para o aperfeiçoamento do outro.

A maioria das pessoas não sabe como criticar bem – reconhecer o que a pessoa tem de bom antes de partir para a censura e o julgamento. É preciso amor, integridade e percepção para respeitar a pessoa que você está corrigindo enquanto, ao mesmo tempo, lhe faz comentários negativos legítimos. Criticar bem requer que você identifique com precisão e depois tenha o cuidado de expressar exatamente a falha, o engano ou o estilo de comportamento que você acha que poderia ser melhorado com uma mudança.

Eis como fazê-lo: 1) Identifique precisamente o que você se sente inclinado a criticar; por exemplo, "Você sempre deixa a minha caneta-tinteiro sem tampa quando a toma emprestada". 2) Avalie se o que você está criticando é algo de sua preferência pessoal ou se, na verdade, se trata de algo que faria a pessoa melhorar, se mudasse. ("Gosto de guardanapos azuis; por que você comprou vermelhos?" versus "Deixando a caneta destampada, a tinta irá secar, e no futuro não conseguiremos mais usá-la". 3) Com muito tato e consciência, faça a sua crítica de modo a respeitar a pessoa mas indicando o que ela deveria mudar para melhorar seu comportamento: "Vi que você deixou minha caneta destampada. Eu gostaria que não o fizesse. A tinta seca e assim ela não escreve mais direito; e me irrita quando isso acontece. Além do mais, você tem uma letra tão bonita; seria uma pena não poder mais usar a caneta da próxima vez que precisar". 4) Veja se a pessoa não se ofendeu com a sua crítica ou não a entendeu direito; se for o caso, repita-a com outras palavras até ter a certeza de que a informação foi assimilada.

Feita com honestidade, sua crítica pode ser uma verdadeira dádiva.

Abra o coração ao comentário que poderá mudar a sua vida

Receber bem as críticas é uma demonstração de auto-estima e de coragem, um estágio evolutivo elevado que requer confiança, flexibilidade, discernimento e vontade de mudar. Você não conseguirá receber críticas se não acreditar, antes de mais nada, que é uma pessoa de valor – ou que é suficientemente forte para resistir aos comentários que são feitos a você sem se reduzir a farrapos.

Para receber críticas, precisamos de confiança, porque ao fazê-lo submetemos a nossa própria consciência à percepção, opinião e boa vontade de outra pessoa. Na verdade, é como se disséssemos: "Estou disposto a considerar que o que você está dizendo agora a meu respeito é até mais verdadeiro do que o julgamento que eu costumo fazer sobre mim mesmo." Você também precisa admitir que acredita que a pessoa amada deseja verdadeiramente o seu bem-estar, que o que ela está lhe dizendo não é apenas uma tentativa de eliminá-lo da face da Terra, mas algo que o fará crescer.

O gesto requer flexibilidade, porque, na verdade, você tem de ser forte e emocionalmente flexível para aceitar esses comentários e fazer bom uso deles – promover uma mudança, alterar seu comportamento, mudar de atitude – e saber que, depois de fazer essas mudanças, continuará sendo você mesmo.

E, por fim, é necessário ter discernimento, porque nem toda crítica é legítima. Algumas delas provocam angústia porque atingem o seu objetivo; outras são tão deslocadas que nos ofendemos até mesmo por ouvi-las.

Eis algumas sugestões: 1) Tenha a mente aberta. Ouça; interiorize antes de reagir. Lembre-se, a crítica pode ter valor. 2) Se a crítica tiver fundamento, aceite-a completamente e faça as mudanças que ela sugere. 3) Se não souber ao certo se ela é apropriada, pense a respeito; fique com a parte que interessa e livre-se do resto; e se ela for completamente despropositada, diga: "Obrigado pela gentileza, mas acho que isso não se aplica a mim." 4) Diga "obrigado" de qualquer maneira. A crítica adequada pode facilitar sua vida, e, verdadeira ou não, a crítica sempre oferece uma oportunidade de fazermos uma análise interior.

Fazer críticas é uma espécie de arte; ser capaz de recebê-las é um gesto de confiança; e estar disposto a trocar críticas com a pessoa amada é um marco importante na estrada do amor consciente.

Integre-se no erótico divino

Sua vida erótica, a expressão da sua sensualidade em todas as dimensões, é o veículo misericordiosamente adorável para a integração de tudo o que você é como pessoa e espírito. É o espaço sagrado de recreio da paixão física, o ponto da nossa experiência em que, mais do que qualquer outro, o material e o espiritual se cruzam. Ali, o corpo físico se torna um templo de alegria, de ligação profundamente enraizada, de conforto e alívio, sentindo-se em casa.

Por intermédio da sensualidade, as emoções são expressas de forma física. O corpo sabe, sente e ensina, de maneira eloqüente e direta. Quando somos tocados da maneira certa, quando fazer amor é elegante e arrebatador, somos levados sem palavras a um nível de integração entre corpo, mente e espírito que pode curar instantaneamente todos os nossos males.

Por causa do poder da sexualidade de superar a distância entre o corpo e a alma, todos nós temos uma atração irresistível por ela, atração que se torna muito mais forte do que a mera atração pelo sexo físico. Isso porque, bem no nosso íntimo, sabemos que a vida erótica pode nos levar à integração. E apenas as pessoas curadas física, emocional e sexualmente da grande quantidade de ferimentos que todos nós sofremos (mais do que em qualquer outra forma de repressão e exagero pervertido do erótico na nossa cultura) podem ser verdadeiras naus de compaixão e aproximar-se do mundo todo com generosidade.

Infelizmente, muitas pessoas se mostram incapazes de aceitar o próprio corpo, a própria sensualidade inata, a própria sexualidade e o poder do erótico em si mesmo na esfera dos conhecimentos espirituais. Elas não estão nem sequer seguras de que deveriam fazê-lo, e ainda assim, da mesma forma que temos a sensação do espírito dentro de nós, de alguma maneira elas compreendem vagamente que a vida erótica também é divina.

Se a energia sexual e a alegria que ela produz não fossem uma força tão impressionante, ninguém se incomodaria com ela. Em vez de nos preocuparmos tanto com ela, de tantas maneiras, boas e estranhas, teríamos desistido dela para viver de modo muito mais confortável. A verdade é que a sexualidade é uma luz com um brilho tão incrível que atrai as mariposas das trevas; e por esse motivo, se não por nenhum outro, temos a responsabilidade espiritual de integrar o divino e o erótico na nossa vida.

Na sua grande busca do amor, portanto, da mais elevada e maravilhosamente integrada esperança que o seu coração possa abrigar, não se descuide – ainda que a busque conscientemente – da cura sexual, que deixará sua personalidade e seu espírito sintonizados com o seu corpo. Porque quando nos integramos na nossa sexualidade, considerando-a como o dom extraordinário que é, não apenas nos curamos e ao nosso parceiro, como também ajudamos a renovar o erótico divino do mundo inteiro.

Reconheça os desejos do seu espírito

Somos espíritos, visitantes, exploradores aqui na Terra, que viemos à vida na forma humana. Estamos aqui porque escolhemos estar, porque não nos esquecemos do mundo, porque a vida é um dom – e tão maravilhoso.

Mas como espíritos também ficamos um pouquinho desgostosos, sentimos certa ambivalência em relação às obrigações desta vida e do mundo material. Isso acontece porque o espírito é livre. Ele não tem substância nem conteúdo, projetos nem objetivos. Sua essência é essência pura; seu desígnio é ser puro. Quando o espírito se envolve com a matéria e nos tornamos seres humanos, nossa alma ainda se lembra do que era viver em liberdade, antes que os limites da incorporação, do intelecto e da personalidade restringissem nossa essência eterna e radiante.

Assim é que, como seres humanos, sempre trazemos no nosso íntimo o desejo de algo desconhecido, um caminho, um lugar e uma graça de viver que parecem esquivar-se interminavelmente de nós. Assim como um sonho, cujas imagens se desvanecem logo depois de acordarmos, assim como a paixão, cujos momentos mais extraordinários não podem ser guardados nem cristalizados, assim como o som de uma música distante, que entra sutilmente num aposento, sempre nos lembramos de maneira evanescente da vida de espírito puro que vivíamos antes de nascer.

É essa lembrança que às vezes nos deixa tristes por sermos meramente humanos. Gostamos das coisas belas deste mundo, mas elas nunca satisfazem o nosso espírito. Nosso corpo é magnífico: ele nos dá as maiores alegrias da paixão, mas é abandonado como uma casca no final; sabemos que ele não é nós, que nós não somos ele.

Preenchemos a nossa vida com as obrigações humanas conhecidas – carreira, conquistas, profissão – e nossas criações engenhosas e inteligentes – obras de arte, música de todo tipo e categoria, dança – e nosso espírito vagueia... lembrando... assim que é arrebatado por algo que dissemos ou fizemos.

Essa insatisfação frívola mas contínua que sentimos constantemente em relação à vida, não importa quão requintada e grandiosa pareça ou quão bela a tenhamos tornado, é o símbolo da nossa verdadeira essência. Porque somos espírito. E espíritos não têm limites; são um sopro no vasto e transparente vento da alma infinita. Nosso descontentamento é o seu sussurro, chamando-nos de volta à realidade além da realidade, recordando-nos de onde viemos, atraindo-nos de volta para casa.

Conte a sua história
à pessoa amada

Todos nós achamos que conhecemos um ao outro, especialmente se tivermos mantido um relacionamento por muito tempo. É claro que conhecemos uma porção de coisas um sobre o outro, mas é realmente quando contamos a nossa história – as imagens pitorescas que retratam as nossas lutas, os momentos agradáveis, as decepções ou as maiores esperanças e sonhos – que revelamos o nosso eu mais verdadeiro e vulnerável. Na verdade, se não contarmos um ao outro a nossa história, permaneceremos unidimensionais, como telas em branco em que projetamos nossas suposições sobre o outro.

Todo mundo tem uma história, e por esse motivo, quando ouvimos a história dos outros, logo nos sentimos interessados. A história é o grande rio que corre pelo cenário humano, e nossas histórias pessoais são como riachos que fluem através de todos nós para unir-se à fonte original. Quando você conta sua história, no entanto, você se mostra até o nível da fragilidade que, como seres humanos, todos nós compartilhamos; porque, não importa quão diferentes sejam nossas histórias, no fundo de todas elas está o poço de dor de cuja água todos bebemos.

Conte sua história à pessoa amada – o mais doloroso acontecimento de sua infância, o momento mais excitante, a maior mágoa da sua vida adulta – e você descobrirá, no fundo, um eu que ainda não conhecia. Isso porque, entre as frases de nossa história, aflora a essência das coisas, não meramente os fatos, mas os sentimentos que nos moldaram, o ponto, na jornada de cada um, do qual não havia mais retorno.

Por exemplo, embora você possa ter consciência do fascínio do seu marido pela arquitetura, talvez não saiba por que ele nunca seguiu essa carreira, até ouvir a história sobre a noite em que o pai dele ficou com tanta raiva dele por ficar desenhando até tarde que quebrou todos os seus lápis de cor, atirou-os no lixo e esbravejou: "Já que você tem tempo para desperdiçar assim, vai trabalhar para pagar a faculdade." Ou então talvez você saiba sobre o interesse de sua mulher por astronomia mas não entenda de onde surgiu esse interesse até ela lhe contar sobre como, quando era pequena e ouviu os pais discutindo no andar de baixo, à noite, foi para a cama e ficou olhando as estrelas até que – ela poderia jurar – elas iluminaram o seu quarto e ela conseguiu, afinal, dormir.

Quando você conta a sua história pessoal, dando voltas e mais voltas, contando e recontando, o fio esticado com que você amarrou a sua dor, aos poucos, vai se afrouxando. E quando você ouve a história da pessoa amada, ela se torna, nesse ato de ouvir, um ser humano completo. Portanto, contem um ao outro as suas histórias. Elas são mais do que um entretenimento à mesa do jantar ou numa longa viagem de carro. Elas são o seu eu verdadeiro, convertido em palavras e narrado, situado no tempo e na sua própria linguagem, um dom adorável que vocês podem compartilhar.

Tenha consciência da sua inconsciência

A consciência, estar consciente e ser consciente da própria consciência, é um dom da condição humana. É na consciência, o estado de vigília, que agimos e fazemos nossas escolhas. Fazemos aquilo de que estamos "conscientes", fazemos escolhas que realmente identificamos, nos comportamos de maneiras que sabemos como estamos agindo e percebemos que os resultados que pretendíamos são alcançados.

Mas, movendo-se sob a consciência, há o substrato nebuloso do inconsciente. Ali as lembranças, experiências e acontecimentos que moldaram a nossa vida permanecem arraigados em nós como motivações ocultas que silenciosamente controlam o tempo todo o nosso comportamento.

Todos temos uma grande quantidade de coisas armazenadas no inconsciente – mágoas da infância tão especificamente cruéis que não conseguimos nos lembrar delas de forma consciente, uma multidão de pequenos acontecimentos dolorosos que nos afetaram profundamente –, mas na verdade nós não sabemos exatamente como. Pelo fato de nunca trazermos essas coisas para o consciente para análise e cura, podemos, num descuido inconsciente, ferir a nós mesmos e aos outros com elas.

Quando uma mágoa ou um medo da infância é estimulado ao acaso ("Ele mudou os móveis de lugar três vezes e fiquei irritada porque, assim como meu pai, ele nunca está satisfeito com nada"), podemos partir de imediato para o ataque ("Não acredito que você tenha passado o dia inteiro arrumando a sala. Você é louco!") ou fazer uma porção de coisas com raiva.

O comportamento inconsciente tem um incrível poder de

controlar – e prejudicar insidiosamente – a nossa vida. Conhecendo ou não o nome de todos os cães raivosos que rosnam no nosso inconsciente, é nossa obrigação perceber (no nível consciente) que existe, sim, uma matilha de cães raivosos ali. Somos responsáveis perante nós mesmos – e perante as pessoas que amamos – pelo nosso comportamento, tanto inconsciente quanto consciente. A inconsciência não se justifica; na verdade, no relacionamento, é a suprema irresponsabilidade.

Os pequenos deslizes do inconsciente são os enganos normais que nos impedem de nos solidarizar completamente com o outro, deixando que alguns sinais de raiva se manifestem em pequenos atos inconscientes – "Eu me esqueci"; "Não fiz por querer" –, mas as grandes façanhas do inconsciente resultam em crimes contra os outros, e somos responsáveis – e inteiramente culpados – por eles. Nessa área incluem-se as diversas espécies de atos que vão da esposa que flerta numa festa porque está com raiva do marido, por chegar tão tarde em casa, até o pai que dá uma surra no filho porque naquele dia o chefe lhe passou uma descompostura.

Todos nós temos impulsos que podem se converter em monstros, e alguns de nossos atos inconscientes são capazes de destruir nossos relacionamentos (para não dizer a nossa própria vida). Portanto, depende de você descobrir suas motivações mais profundas e secretas, pois no relacionamento (e na vida) somos absolutamente responsáveis por cometer esses crimes pessoais "inconscientes".

Procure um terreno de compreensão mútua

No universo vingativo de nossos dramas psicológicos, onde tudo é olho por olho, dente por dente, tendemos a ver adversários em toda parte. Tomamos partido. Procuramos intenções e conseqüências – "Ela chegou tarde só para eu não ter o que comer"; "Ele disse aquilo só para me magoar". Procuramos compensação por termos sido insultados e magoados; mantemos escores ("Você chegou tarde mais vezes do que eu; teve mais cheques devolvidos do que eu; você me magoou mais vezes do que eu a você; você é mais teimoso do que eu; bem, seja como for, você teimou mais vezes do que eu").

Para tentar conseguir paz nos nossos relacionamentos, agimos como se achássemos que mantendo esse escore levaremos vantagem. "Se eu tratar você como um inimigo, mostrar-lhe todos os seus crimes e *provar* que você é culpado, você decidirá me amar mais porque se sentirá mal por ter sido tão horrível comigo."

Infelizmente (e felizmente), um amante ou amado não é como uma empresa que pode ser processada (e contra a qual se reivindique uma indenização) por um produto com defeito. No amor, não "pagamos" porque estamos envergonhados ou somos declarados culpados. Na verdade, a vontade mais forte é afastar-se do calor e fugir para as montanhas. Assumir uma postura de adversário só irá fazer de seu parceiro um adversário; e os adversários fazem a guerra, não o amor.

É por isso que, quando surge um conflito, precisamos procurar um terreno de compreensão mútua. No meio de um conflito, quando buscamos a raiz da verdade que nos levará ao entendimento, podemos encontrar o caminho de volta à união.

Todos nós temos um lado ruim; todos nós magoamos mais um

ao outro do que gostaríamos de admitir. Mas até mesmo nossas maldades merecem uma tentativa de compreensão, porque a verdade é que os atos covardes também nascem do sofrimento. O que não os desculpa, é claro, mas é importante lembrar que mesmo as coisas difíceis, duras, ofensivas que fazemos uns aos outros nascem das nossas mágoas. Quando consigo compreender o seu sofrimento (e, portanto, o comportamento perverso que você teve comigo) e você consegue compreender a minha dor (e, portanto, o meu mau procedimento em relação a você), podemos nos encarar face a face com compaixão, corrigir os erros cometidos e recomeçar juntos de um ponto diferente.

Por esse motivo, se no fundo do coração você quer união, prazer, companheirismo, apoio e conforto da pessoa amada, não faça dela um adversário. Mesmo na briga mais exaltada, experimente mostrar interesse e compreensão – *"Por que* você chegou tão tarde?" "Por que você foi *tão* seca comigo?" – e descobrirá algo surpreendente ("O resultado da mamografia me deixou arrasada hoje." "O sujeito que fazia ginástica do meu lado, na academia, caiu morto de repente"), algo que, em vez de converter a pessoa amada num inimigo, encherá seu coração de compaixão.

Tenha uma consciência especial da pessoa amada

Quando você ama alguém, num plano espiritual, tem uma consciência especial de que pertence àquela pessoa. No mais profundo abismo do seu ser, você concordou em saber sobre a pessoa amada, vê-la, senti-la e percebê-la com um tipo sutil de atenção que leva sempre em conta a verdade dela.

A atenção que dedicamos um ao outro dessa maneira abrange todas as possibilidades, desde manter o coração calmo, para que o parceiro possa passar por sua cura emocional, até saber que ela precisa de dinheiro, tempo ou espaço, mesmo quando ela não tem consciência disso e não pode lhe falar a respeito diretamente. Às vezes, nossa elevada intuição toma a forma de "acontecer por acaso" num momento de crise. Outras vezes, pode implicar ter consciência de que a pessoa que você ama tem problemas no que diz respeito à saúde, ao peso, à aparência física ou a outro aspecto qualquer do corpo, e contribuir com sensibilidade e apoio em relação a esses problemas. Você deve ter consciência da verdade do seu parceiro reconhecendo, por exemplo, que ele tem um medo profundo de ser abandonado, medo ao qual você pode responder fazendo observações realistas, sendo generoso e pródigo na expressão do seu amor, ou, ao saber que sua amada foi vítima de abuso sexual, encorajando-a a descobrir seus limites ou buscar sua recuperação emocional por conta própria.

Às vezes, temos essa percepção conscientemente; outras vezes, nossa consciência passa despercebida até mesmo para nós, ocorrendo como o brilho de uma intuição que parece acontecer naturalmente. O homem que leva flores para casa "sem um motivo aparente" e descobre que minutos antes sua esposa recebera a notícia da morte súbita da mãe, "sentiu" inconscientemente a dor de sua amada e satisfez sua necessidade antes mesmo que ela a expressasse. Do mesmo modo, a mulher que, "sem saber por quê", aparece de repente no escritório do marido para um almoço-surpresa e descobre que naquela manhã ele acabou de perder o contrato mais importante do ano, também está agindo no mesmo nível de intuição inconsciente.

Esse tipo de pressentimento intuitivo é uma dádiva do amor. Significa que, em vez de esperar que a pessoa amada saiba, reconheça, compreenda e relate conscientemente cada detalhe do que ela precisa, você estará ali sempre presente, pressentindo a necessidade não-expressa e atendendo-a com sua generosidade e cuidado intuitivos.

Será isso co-dependência? Não, se for feito conscientemente (em vez de por dependência ou baixa auto-estima); não, se for praticado com plena consciência, como um gesto consciente de amor; e não, se você puder aceitar o mesmo gesto quando praticado pelo outro em retribuição.

Desperte a consciência da pessoa amada

À s vezes, tentar ajudar a pessoa amada a adquirir um estilo de vida, um nível de consciência, um grau a mais de liberdade, de sucesso ou de criatividade que, para você, não é nada mais do que a simples realização do que a pessoa realmente é, pode parecer uma tarefa interminável, especialmente quando a pessoa não reconhece o benefício que você se esforça tanto para lhe proporcionar.

Digamos que, ao perceber que seu marido precisa mudar de emprego, você tenha deixado sobre a escrivaninha dele inúmeros anúncios de oferta de trabalho, mas acabou descobrindo que ele nem sequer os notou. Ou então que você, para alimentar a auto-estima de sua mulher, tenha elogiado a beleza dela, comprado para ela uma grande quantidade de roupas íntimas finíssimas, mas ela mesmo assim se aborreceu, reclamando que está gorda ou que seu cabelo está feio. É frustrante, não é?

Exatamente por ser invisível, o dom da consciência (e as coisas que fazemos por causa dela) em geral passa despercebido. Se o seu parceiro soubesse que precisava daquelas coisas, teria pedido conscientemente, mas, como não sabe, não pode pedir; na verdade, foi a grande falta de consciência dele que despertou a *sua* consciência antes de mais nada. Como resultado, em geral nos sentimos magoados, injustiçados ou desapontados pelo que fizemos pelo outro. Se é assim que você está se sentindo no momento, eis um exercício para você continuar praticando essa generosidade sem mergulhar num poço de ressentimento. (Vou usar o exemplo de uma mulher que tenta ajudar o marido num caso de incesto; no seu caso, você pode mudar o processo à vontade.)

Sente-se diante de uma vela acesa e diga as palavras adequadas. Por exemplo: "No plano espiritual, estou profundamente preocupada com você e, por esse motivo, pretendo ajudá-lo de várias maneiras. Preciso que você se conscientize disso agora e me agradeça pelo que estou fazendo, para que, assim, eu continue a amá-lo e a ajudá-lo.

"Amando você, estou carregando o fardo da sua auto-estima abalada por causa de sua experiência de incesto na infância. Com amor, ofereço-me para ajudá-lo a superar essa ofensa recusando-me, ao seu lado, a ficar na presença da pessoa que o maltratou, apoiando-o no seu processo de cura ao contribuir para o pagamento da sua terapia, estando disposta a ouvi-lo e a acolher a sua raiva contra os maus-tratos que sofreu, quando sentir vontade de expressá-la.

"Peço-lhe que reconheça agora que estou carregando esse fardo por você, que diga que precisa de mim e me agradeça pelo que eu estou fazendo."

O seu parceiro deve responder mais ou menos o seguinte: "Reconheço que você está me ajudando a me recuperar do abuso sexual que sofri. Obrigado por atender a essa minha necessidade e por me ajudar dessa maneira linda e sagrada. Peço-lhe que continue até eu me curar por completo".

Quando vocês terminarem, podem trocar de papéis, pois nós todos sempre carregamos os fardos de consciência um do outro.

Procure sua cura emocional

cura emocional é a transformação radical de suas feridas emocionais, resultando na revivificação do corpo, na estimulação da mente e, por fim, na iluminação da alma. Em certo sentido, a vida em si é uma jornada de cura, pela qual estamos passando de um estado de esquecimento da verdadeira natureza do nosso ser divino para um estado de lembrança e iluminação total. "Como nossas emoções são a arena em que geralmente descarrilamos nesse processo, é muito importante que busquemos nossa cura emocional. Uma vez que, na cultura ocidental, nos ensinaram enfaticamente a nos considerarmos seres emotivos, tendemos a nos concentrar em nossas vicissitudes emocionais e, quando temos conflitos não-resolvidos no plano emocional, eles atrapalham nosso avanço para planos superiores de amor.

Às vezes, parecemos viver partindo do princípio de que todos nasceram perfeitos e que foi apenas por um acidente cruel do destino que, ao contrário de todos os outros (que continuam perfeitos), temos as nossas dificuldades para resolver. Isso não é verdade. A verdade é que, junto com a perfeição básica do dom da vida, todos nós fomos aquinhoados com certas dificuldades, limitações e problemas, como uma espécie de tema para meditação e esclarecimento ao longo da vida.

O que quer que devamos curar – um medo paralisante, uma raiva explosiva, o abandono em uma ou numa centena de formas – é matéria de transformação, oportunidade de esclarecimento. Porque, cada vez que encontramos uma dessas devastadoras limitações, somos convidados a passar por ela e, depois de tê-la superado, ligarnos a um nível mais alto de consciência. Em sua jornada, por exemplo, pode ser que lhe seja pedido para expandir seu repertório emocional da passividade para a raiva, da raiva para o perdão, do perdão para a compaixão e da compaixão para o amor indivisível.

Uma vez que o amor é o nosso destino final, essa jornada de cura é o trabalho da sua vida. Não importa se você o executa com a ajuda da psicoterapia, da meditação, do *tai chi*, do levantamento de peso, dos Alcoólicos Anônimos, da Igreja Batista, do vegetarianismo ou de um relacionamento íntimo. Qualquer caminho para a cura, desde que trilhado com fé, pode levá-lo ao seu destino – pois não existe outro. O que faz a diferença é se você cumpre a sua jornada ou não. Se não cumpre, você viverá mergulhado em autopiedade, atormentado para sempre pelos seus sentimentos, por causa do seu trabalho emocional inacabado. Mas, se conseguir, você verá que o que começou como suas difíceis limitações acabará no final como os seus bens mais valiosos; e sua alma, liberada enfim de seus intermináveis envolvimentos emocionais, emergirá como o resplandecente mensageiro do seu amor.

Deixe-se guiar pelas
suas necessidades

Se você se deixar guiar pelas suas necessidades, elas se tornarão o caminho que o levará a você mesmo – e também à pessoa amada. Ao contrário, negar suas necessidades ou servir eternamente aos outros, em detrimento de sua própria satisfação, são atitudes que o impedem de descobrir quem você é, impedindo-o de ser amado.

Não precisar é um estado não-autêntico, uma rejeição da sua humanidade, porque uma de nossas características mais básicas e verdadeiras é que somos seres carentes. Negá-lo – sendo brutalmente auto-suficiente, manipulando os outros para servi-lo ou fingindo ter transcendido as suas necessidades – é uma forma de hipocrisia espiritual. Nenhum ser vivo no planeta – nem mesmo os avatares e os santos – consegue transcender inteiramente suas necessidades. Na verdade, ser humano é precisar; e precisar é ser humano.

Precisamos de alimento. Precisamos de braços carinhosos. Precisamos de ar, de luz, do Sol e da magnífica brancura resplandecente da Lua. Precisamos ser ouvidos, magicamente, com ouvidos delicados, que nos dêem atenção. Precisamos de empatia, de alguém que compreenda nossos sentimentos com sensibilidade. Precisamos de um trabalho que seja a verdadeira expressão do nosso espírito. Precisamos de companhia, de companheiros no caminho. Precisamos de testemunhas espelhos, amigos e conhecidos para refletir aquilo que somos. Precisamos de sucesso – em alguma coisa. Precisamos de paz.

Nossas necessidades são como ervas daninhas que nascem entre as pedras do nosso caminho – insistentes, sistemáticas, exigentes. Elas são a nossa verdade mais crua, mais descarada, a coragem essencial em nosso âmago. Mas nem sempre nós as tratamos de maneira adequada. Nós as recalcamos, reprimimos e desconsideramos a torto e a direito, por tanto tempo que, geralmente, quando alguém está pronto a satisfazê-las num relacionamento, não sabemos nem ao menos quais são elas.

O oposto de não saber quais são as suas necessidades é tornar-se consciente delas – descobrindo quais são e, depois, encontrando as palavras para expressá-las. À medida que seu tamanho, forma e conteúdo (e as privações e perdas, fraquezas e talentos a que se referem) são gradualmente revelados, você terá um mapa de si mesmo. Verá quem você é, do que realmente precisa e que alegria traria ao seu coração se satisfizesse suas necessidades.

Portanto, descubra do que você precisa, converse a respeito e esteja aberto a receber. Porque saber do que você precisa e pedi-lo – com clareza, com convicção, diretamente – é um gesto de força pessoal. Com isso você poderá ser favorecido com a satisfação de suas necessidades, permitindo à pessoa que o ama a alegria de amá-lo corretamente.

Sinta o paradoxo da urgência e da renúncia

O caminho do coração é paradoxal. Ele segue, sempre, ao mesmo tempo, no sentido tanto da urgência quanto da renúncia. Quando nos apaixonamos, nosso coração se sente desesperado e excitado. Somos impelidos, estimulados pelo desejo premente de estar na companhia da pessoa amada. Contamos os minutos, os dias e as horas, cometemos extravagâncias escandalosas – diamantes, perfumes, passagens de avião – tudo em nome do amor. Ao mesmíssimo tempo, entramos num estado de renúncia, devotando todo o nosso ser ao amor que nos embriaga. Fazemos qualquer coisa, vamos a qualquer lugar, abrimos mão de todas as outras pessoas, tudo para o bem do amor, porque nosso coração foi aberto e preenchido. No momento, a ocupação do nosso coração é a arte e a prática do amor.

À medida que o relacionamento continua, também avança esse padrão de urgência e renúncia. Dia após dia, e ao longo do tempo, queremos determinados resultados – intimidade na comunicação, compatibilidade social, parceria consciente, satisfação sexual. Agora, de uma maneira diferente, o coração é levado pelos desejos. Para conseguir isso, ele se empenha ao máximo, criando situações favoráveis a um entendimento, como o casal passar um fim de semana sozinho, só os dois, ir àqueles seminários de tantra, ou até mesmo manter vinte minutos diários de conversa íntima.

Mas, ao mesmo tempo que o coração está envolvido nesses projetos, também somos instruídos pela alma a aceitar que as intenções do coração talvez não sejam todas satisfeitas. Somos aconselhados a nos render ao fato de que os resultados, em qualquer terreno – nossas relações sexuais, nosso nível de satisfação econômica ou intimidade sexual – talvez não correspondam ao que esperamos inicialmente. Na verdade, compreendemos que podemos sofrer imprevistos em quase todo lugar e que agora a tarefa emocional é renunciar aos fatos.

A urgência é o que nos inflama, põe nosso coração a caminho, molda nossos relacionamentos numa direção pretendida, consciente. O combustível da urgência é a emoção – querendo, buscando, desejando, mantendo uma opinião capaz de mudar toda a vida. A renúncia, que é o seu oposto, é abandonar o desejo e a vontade, flutuando livre no mar de acontecimentos e experiências que está em constante mutação.

A maturidade espiritual no amor é a capacidade de viver esse paradoxo, de viver num estado tanto de urgência quanto de renúncia, "dedicando-se" ao amor e ao mesmo tempo "abrindo mão" dele. Isso vale para quando estamos apaixonados, para os nossos relacionamentos íntimos e para o curso da vida em si mesma.

À medida que se rende ao paradoxo, você vai, gradualmente, encontrando a serenidade. Pare de tentar imaginar tudo e deixe que o paradoxo o envolva com seus braços controvertidos. Você será invadido por uma doce e crescente paz – a paz de viver ao mesmo tempo tanto na urgência quanto na renúncia.

Encare de frente suas dificuldades

Até mesmo na união mais bem-sucedida e agradável há diferenças (algumas irreconciliáveis) e incompatibilidades (algumas imensas), e o relacionamento acaba se tornando uma espécie de reflexão a respeito desses mistérios insolúveis.

A maior parte do tempo, vivemos com essas dificuldades como se fossem um tipo de ruído de fundo fatigante que influencia nossos relacionamentos. Elas nos perseguem como mágoas, frustram-nos como necessidades não-satisfeitas, espicaçam nossa consciência como segredos irritantes e ressentimentos não-expressos. A maneira como lidamos com elas – ou deixamos de lidar – exerce um efeito importante nos nossos relacionamentos. Ficar com as dificuldades para si (sejam elas defeitos do parceiro, sejam do relacionamento em si) não farão você se sentir melhor nem o ajudarão a transpor a distância que suas diferenças representam.

O que cria a possibilidade de mudar é encarar as diferenças de frente e conversar de maneira sensata sobre elas: "Encarar e Comentar", como eu costumo dizer. O que significa que você deve mergulhar fundo até mesmo nos maiores problemas emocionais – compartilhando com seu parceiro tudo o que o irrita ou magoa.

Para tanto, em primeiro lugar, é preciso ter confiança em si mesmo quanto à natureza desses problemas: "Eu *realmente* não consigo admitir que ele volte a fumar. Isso me irrita; sinto como se ele estivesse se matando". (...) "Eu gostaria que ela fosse mais religiosa; fico muito decepcionado por não podermos orar juntos."

Depois de encarar a verdade de frente, não a perca de vista. Não a deixe escapar; em vez disso, inclua-a numa lista. Em seguida, junto com seu parceiro, reserve um tempo para tratar desses assuntos. Talvez seja conveniente fazê-lo com regularidade, uma vez por semana ou mensalmente; o importante é manter o lado emocional sempre esclarecido ou, se você preferir, escolher um momento qualquer em que seus "rancores" secretos tenham se acumulado.

O que você tem a fazer, então, é dizer muito simplesmente: "Preciso comentar com você sobre algumas dificuldades que estou tendo no momento." Então declare, sem raiva ou julgamento, o que o está incomodando.

Seu parceiro, o ouvinte, pode responder: "Obrigado por me contar; lamento muito que isso seja tão difícil para você. Espero que, com o tempo, juntos, consigamos superar esse problema."

Nessa ocasião, cada parceiro desempenha seu papel, ambos revelando, ouvindo e comentando suas dificuldades. Não se trata de um exercício de fazer promessas para mudar o comportamento. *Trata-se simplesmente de revelar e reconhecer as dificuldades*, admitindo a sua existência e acreditando que seu relacionamento é suficientemente forte para conter a verdade do que ambos revelam. Ao chegar ao fim, concluam a conversa com um beijo, dizendo, um para o outro: "Eu te amo."

Passe para o plano espiritual

Todos nós passamos por terríveis impasses em nossos relacionamentos – brigas que se repetem sempre, falhas persistentes de caráter que simplesmente não se corrigem, hábitos irritantes que quase nos levam à loucura. Quando nos vemos no meio de tudo isso, podemos nos sentir com raiva, amargurados e aprisionados. Mentalmente, repassamos as maneiras como temos errado, como ele ou ela tem sido horrível, que nosso relacionamento não tem jeito.

A verdade é que todos nós cometemos erros; e aparentemente têm acontecido coisas intoleráveis. Existem alguns problemas no nosso relacionamento que já discutimos diversas vezes e, não importa quanto tenhamos pensado neles, tentando fazer acordos, conversando a respeito ou resolvendo-os, parece que não vemos muito progresso.

Nessas ocasiões, podemos realmente desanimar ou tentar ver nosso relacionamento por outros ângulos. Em vez de encará-lo como algo que existe para atender a todos os nossos caprichos, temos a opção de elevá-lo ao plano espiritual e nos perguntar o que seria possível aprender com ele. Se você encarar cada problema como uma lição, o que o seu relacionamento teria para lhe ensinar? Se você pensar nos problemas como uma espécie de digressão de inspiração divina, do que eles poderiam salvar você? Se você os considerar como um convite para crescer em alguma nova direção, que direção seria essa? Ao ascender ao plano espiritual, você começa a ver tudo o que acontece no seu relacionamento como uma oportunidade de crescimento espiritual.

Isso porque o que quer que aconteça num relacionamento está acontecendo simultaneamente nos planos emocional e espiritual. Se você o considerar apenas do ponto de vista psicológico, ficará dando voltas e mais voltas num emaranhado de problemas não resolvidos. Mas caso o eleve ao plano espiritual, elevando-o a um espaço onde brilha a luz da verdade, você verá, eu lhe garanto, algo muito diferente. Lá, em vez de se prender ao aborrecimento momentâneo da versão semanal de sua situação irremediável, você verá que cada coisa que acontece no seu relacionamento tem o objetivo de expandir, informar ou aperfeiçoar você. Em vez de se censurar o tempo todo – ou censurar à pessoa amada – pelas dificuldades que inevitavelmente acontecem, você verá que elas têm um sentido superior – a evolução da sua alma.

Quando passamos ao plano espiritual, reconhecemos as lições, em vez de nos censurar por erros e enganos. Passamos a ver o nosso parceiro não mais como alguém que deixa de satisfazer a todos os nossos sonhos e esperanças, mas, ao contrário, como alguém cujo desígnio espiritual tem sido incorporar as verdadeiras frustrações pelas quais (com muito esforço e irritação) chegamos à maturidade espiritual. Isso também nos alivia no plano emocional, pois quando nos compadecemos, em vez de julgar – a nós mesmos e à pessoa amada –, nosso relacionamento torna-se instantaneamente mais agradável, mais profundo e atraente.

Proteja sua alma

A jornada da alma não é toda feita de satisfação, nem é sempre consumada na luz, pois nesta vida fazemos uma escolha a cada momento a respeito do destino. Assim como na dança se pode ir para qualquer direção – para a frente e para os lados, voar para o alto ou cair prostrado no chão –, na vida também, constantemente, a cada infinitesimal mudança de comportamento, escolhemos uma direção, o caminho pelo qual nossa alma irá seguir.

Se um homem mata a mulher e se aproveita das brechas no sistema jurídico para escapar da prisão, ele não só se tornou um assassino, mas também perdeu a própria alma. Poderá ficar livre, voltar à sua vida normal, mas nunca *será* livre; será sempre um homem sem alma cuja verdadeira existência será a materialização da mentira. Mesmo que ele consiga convencer inúmeras pessoas de que é inocente, à luz da verdade ele será sempre um condenado; e, mesmo que tente insanamente se convencer da própria inocência, com certeza sua alma sempre lhe será roubada pelas trevas.

Não existe um momento ou gesto neutro na nossa existência. Tudo o que fazemos, cada gesto que esboçamos, cada nuança de movimento, cada palavra que pronunciamos, tudo conduz à posterior iluminação de nossa alma ou nos leva numa direção em que, num momento de inconsciência tenebrosa, nossa alma fica completamente comprometida.

O potencial para a perda da alma – não importa em que grau isso aconteça – é o tormento de uma sociedade que coletivamente perdeu o sentido do sagrado, de uma cultura que coloca tudo acima do espiritual. A cultura em que vivemos está empobrecida espiritualmente – assim como o nosso tempo. A perda da alma, seja em que grau for, é uma possibilidade ameaçadoramente constante. Somos instados, a todo momento, a falsear a verdade, a nos entregar aos prazeres, a agir como se nossas palavras e atos não tivessem uma conseqüência posterior, a considerar o mundo material como um fim absoluto e a tratar o mundo espiritual como se fosse uma espécie de fantasia fútil, angelical. Num mundo assim, a alma luta para sobreviver; num mundo assim, o ser humano pode perder a própria alma e ter toda uma cultura para apoiá-lo; num mundo assim, inversamente, a luz de uma única grande alma que viva de maneira íntegra pode verdadeiramente iluminar o mundo.

Como Aumentar a Intimidade

Busque a beleza

A beleza é uma radiância luminosa. É uma essência mística brilhante, o rosto inesquecivelmente adorável, a dança de movimentos primorosos que nossa mente não pode apagar, a música cujas notas se repetem para sempre no nosso coração. A beleza estimula; a beleza inspira e ilumina; a beleza eleva e anima a nossa alma.

A beleza aplica-se tanto ao mundo material quanto ao etéreo. Ela desperta nossos órgãos da percepção (ela é uma mulher bonita), assim como nossa sensibilidade espiritual (foi uma experiência bonita) e coordena de maneira mística esses mundos para nós. Onde quer que a beleza se manifeste materialmente, a apreensão do belo, qualquer que seja a sua forma, é uma experiência transcendente. É essa considerável capacidade da beleza de ser ao mesmo tempo imanente e transcendente que nos faz buscá-la, ser movidos por ela e reconhecer que, de alguma forma inefável, podemos confiar nela como uma medida do que tem valor para a nossa alma.

A beleza também nos encanta, porque sua essência é incorporar *mais*, um plano mais elevado do que quer que estejamos percebendo. Por estar acima de todas as outras, o que é belo convida tudo ao seu redor a ascender ao seu nível. Assim, um momento belo nos inspira a tornar todos os momentos belos, a beleza da palavra escrita nos leva a elevar a nossa linguagem, o som da bela música faz com que nos rendamos à quietude silenciosa do nosso coração.

Quando temos experiências gratificantes na natureza, quando relaxamos no êxtase do orgasmo, em momentos de satisfação intensa, quando o véu se ergue e vislumbramos a organização sagrada da vida, estamos vivendo a beleza, uma amostra do nosso verdadeiro estado de ser eterno.

Quase sempre entramos num relacionamento por algum tipo de

beleza que ele contém – "Ela era bonita"; "Ele tocava uma música linda quando eu entrei onde ele estava"; "Ele tem um belo coração"; "Ela tem belas mãos" –, e é a mesma característica, a beleza, que elevará o nosso relacionamento, fazendo-o ascender. A grande beleza é tanto um dom a ser recebido quanto um estado a ser buscado.

Portanto, encha a sua vida de beleza. Deixe que sua beleza transpareça. Encha a sua casa de coisas belas: objetos, fragrâncias, movimentos, momentos, sons, emoções. Uma bela comida é uma consagração do corpo. Belas idéias são um regalo para a mente. As belas-artes e a música são um banquete para a alma. Devemos buscar a beleza, responder a ela, cultivá-la e cercarmo-nos dela, pois a beleza nesta vida é um reflexo da nossa alma, assim como nossa alma deve ser para sempre um puro reflexo dela.

Aprenda a linguagem da intimidade

Se nos imaginarmos protegidos por várias camadas de enchimento protetor das emoções, então a intimidade representa o gradual desembrulhar dessas camadas até ficarmos na presença do outro com os segredos do nosso coração desvelados. A intimidade se alcança por meio de mensagens que brotam do nosso íntimo e nos atingem fundo. Quanto mais partilhamos esse tipo de comunicação, maior é a sensação de que não estamos sós; de que, na verdade, no fundo, estamos todos intimamente ligados.

A comunicação da intimidade é por si só um tipo de arte. Tem sua própria linguagem. Ao contrário das conversas sobre negócios, que focalizam fatos e imagens, ou a linguagem do prazer, que geralmente assume a forma de planejamento – a que filme assistir, onde conseguir o melhor sorvete –, a comunicação da intimidade brota da emoção e usa uma linguagem que é, por definição, pessoal. Ela usa a palavra *eu* – *eu* preciso, *eu* sinto, *eu* estou assustado, *eu* estou tendo um dia difícil; *eu* te amo tanto – e focaliza os sentimentos.

Na verdade, as mensagens que criam a sensação mais profunda de intimidade são as palavras claras, fortes e belas com as quais expressamos nossos sentimentos mais íntimos. Ao expressar seus sentimentos (ao lado de suas opiniões e idéias), você cria uma sensação de intimidade porque está revelando o seu verdadeiro eu.

Você descobrirá as palavras exatas para seus sentimentos quando do simplesmente se voltar para si mesmo e perguntar: O que estou sentindo? O que preciso dizer agora? Depois corra o risco de, simples e diretamente, traduzi-las em palavras. O que quer que você sinta – suas esperanças secretas, seu sentimento de vergonha ou de inadequação, seus medos, sua mágoa – merece ser expresso. Quando você expressa esses sentimentos em voz alta, você abre uma janela para os corredores sensitivos interiores do seu ser e convida a pessoa amada a iluminá-los.

Até ousarmos conversar nesse plano, estaremos condenados aos relacionamentos superficiais – "Quem vai pegar as crianças?" "Por que o forno não funciona?" Nunca nos sentiremos próximos, conhecidos ou ligados enquanto não deixarmos de nos preocupar com a maneira como nos comunicamos. Na verdade, a linguagem da intimidade *é* a linguagem do risco. Ela envolve riscos ao colocar você, a sua consciência, a sua personalidade e as suas emoções – tanto as grandes quanto as desprezíveis, estranhas e repulsivas –, todas no centro do palco.

Portanto, se você realmente quer uma relação íntima, uma experiência de proximidade emocional e espiritual, comece a falar de seus sentimentos – e perceba que não se chega a esse grau de ligação de uma hora para outra. Ele requer empenho (prática), sensibilidade (falar realmente ao coração) e riscos (a vontade de se revelar) –, mas com certeza o esforço valerá a pena.

Seja paciente, gentil e bondoso

A paciência é uma virtude silenciosa, a capacidade de esperar de bom grado enquanto, gradualmente, algo invisível se manifesta. A paciência é fé, a convicção de que aquilo que você imagina, deseja ou crê como o mais acertado – para você mesmo, para o seu relacionamento e para todo o incrível ciclo da sua vida – irá se revelando, gradual e maravilhosamente, com o passar do tempo. A paciência mútua é também uma serenidade de espírito, um conhecimento profundo e tranqüilo de que você está no caminho certo, de que a pessoa amada está com você e de que, não importam os perigos ocultos ou os desvios, você estará ao lado dele, na presença dela, esperando calmamente... com paciência.

A gentileza é uma virtude delicada, a nebulosa característica do espírito que permite que você se aproxime da pessoa amada e, em todas as circunstâncias, com que você depare, com modos tranqüilos, graciosos e gentis – acariciando com delicadeza, ouvindo com atenção, sentindo solidariamente, vendo com olhos compassivos. A gentileza ameniza o caminho, acrescenta refinamento e graça à jornada, suaviza os golpes, amortece os sofrimentos, torna os fardos mais leves.

A gentileza pode estar em toda parte: no que dizemos, no modo como andamos, nas pessoas e nas circunstâncias que escolhemos secretamente para nos aproximar. É passar pela vida com suavidade, em vez de atabalhoadamente; falar com delicadeza, em vez de vociferar; ir com calma, em vez de se atirar sofregamente às oportunidades; dar espaço para os estranhos que se aproximam, a coisa mais linda que acontece sem a gente esperar.

A bondade é uma doce virtude. Ela suaviza, acalma, remoça. Ela ativa a lembrança, acrescenta toques coloridos – lençóis novos e flores. Ela nos brinda com uma palavra inesperada, um cumprimento inspirador, um abraço acolhedor. Ela é também delicadeza; procura consertar e corrigir: *Posso ajudá-lo? Há alguma coisa que eu possa fazer por você? Desculpe-me. Espero que as coisas mudem.* A bondade é a necessidade desnecessária, o momento inesperado de beleza que acrescenta uma textura de esperança a cada passo da nossa vida.

O amor se expande e se contrai com as estações do ano, com nossos hormônios e com as circunstâncias da nossa vida, mas o amor do coração e da alma deve ser constantemente acalentado e velado. A paciência nos dá esperança para o futuro; a gentileza nos dá a graça do momento; a bondade dilui as feridas do passado. Seja paciente, gentil e bondoso, e o amor que você tem como um tesouro agora irá florescer de forma maravilhosa e durar para sempre.

Valorize a sua preciosa encarnação

Assim como um cálice sagrado a ser venerado ou uma enigmática Pedra da Rosetta com hieróglifos a serem decifrados, nosso corpo é também como um computador, em cuja memória estão armazenadas as lembranças, sonhos e contemplações de toda a nossa vida na Terra. Ele também é algo que construímos durante a vida, e é por meio de sua forma física e do modo como escolhemos viver nele que desempenhamos nossos papéis na vida, no crescimento, nas mudanças e na saúde.

Costumamos considerar o nosso corpo como algo separado de nós, como se a mente fosse a verdadeira identidade e o corpo um tipo de brinquedo de puxar que segue atrás de nós. A verdade é que o corpo é o verdadeiro veículo da nossa experiência como seres humanos. Sabemos o que sentimos porque nossas emoções estão registradas no nosso corpo; permanecemos na experiência humana apenas enquanto o corpo ainda está vivo. Longe de ser algo extrínseco, algo separado de nós, o corpo é, na verdade – e de forma maravilhosa –, exatamente o que nós somos.

Por inúmeras razões, a maioria delas envolvendo dor, muitas pessoas se separam do seu corpo. Assim, uma vez que vivemos nele – fazendo nosso trabalho, casual ou intencionalmente perseguindo nosso destino pessoal e espiritual, e enquanto o compartilhamos no relacionamento – em atos construtivos de compaixão e ao fazer amor –, somos incapazes de receber a profunda instrução que ele deveria nos proporcionar.

Para muitos de nós, o corpo não "simboliza" mais a medida de todas as coisas. Assim, não podemos mais sentir o perigo, conhecer a verdade ou viver o amor por intermédio do nosso corpo. Em vez de ser a base do conhecimento absoluto, o guia imaculado de todas as dimensões e ações do nosso ser, nós o encaramos mais provavelmente como um objeto exigente, de manutenção custosa – *Eu devia perder peso; Preciso começar a fazer ginástica* – ou como uma criança mimada, com desejos próprios – *Mas eu quero comer a sobremesa* –, que, de tempos em tempos, tentamos disciplinar.

Fizemos um belo trabalho educando nossa mente e estimulando-nos para as conquistas – em todas as coisas que sustentam a noção do corpo como uma entidade independente. Mas o verdadeiro significado do conhecimento sobre nós mesmos reside no nosso corpo. Pois não só o corpo não é independente de nós; ele é a verdadeira casa onde habita o nosso ser, entrelaçado, célula por célula, com nossa personalidade, como também o recipiente da capacidade da alma para o amor. Porque o amor de nossa alma está *incorporado*. Ele flui pelos nossos ossos através do nosso coração e da nossa respiração; e para desfrutar a vida inteiramente temos de partir e voltar a esse inevitável conhecimento.

Cuide do seu corpo

Costumamos considerar o corpo como uma propriedade particular nossa e, é claro, fundamentalmente, ele é mesmo. Mas, quando você vive um relacionamento, seu corpo é também o meio para você se relacionar com a pessoa amada. Antes de mais nada, se você não tivesse um corpo, não estaria aqui para amar ninguém; e é com o seu corpo, com a sua presença física, que o seu parceiro está continuamente em contato com você. Acima de tudo, é o seu corpo que volta com você para casa depois de cada dia de trabalho; é o seu corpo que dorme com a pessoa amada todas as noites. Você precisa olhar no espelho para ver como é realmente a sua aparência; mas a pessoa que o ama tem de olhar para você o tempo todo. Quando você está exausto ou deprimido, seu parceiro vê o cansaço no seu rosto, na sua postura, da mesma maneira que também reconhece o seu bem-estar, sua vitalidade e felicidade.

Por causa disso, a maneira como você trata o seu corpo tem grande importância no relacionamento. Ele pode ser uma dádiva, um bem, uma satisfação, um grande acontecimento para a pessoa amada, ou uma perda, um fardo, a oportunidade para um teste espiritual. Assim como a saúde exuberante e o bem-estar podem representar a beleza e a inspiração para a pessoa que você ama, o desgaste físico em excesso ou a negligência talvez se tornem o motivo para a deterioração do seu relacionamento. Se você não cuidar do seu corpo, estará mandando uma mensagem tanto para si mesmo quanto para o seu parceiro – porque a maneira como você cuida do seu corpo é um reflexo não só de como você se sente em relação a si mesmo mas também sobre como espera que seu amor se sinta em relação a você. Se você está destruindo o seu corpo de uma maneira ou de outra (fumando, bebendo em excesso, tornando-se um viciado em trabalho, em açúcar, em cafeína ou em ficar sentado à escrivaninha e nunca fazer nenhum exercício físico), como pode sensatamente esperar que seu amor aprecie e desfrute o seu corpo ou refletir para você o amor que você não é capaz de dedicar a si mesmo?

Ao compartilhar seu corpo com a pessoa amada, você está compartilhando a sua verdadeira essência. Portanto, respeite essa essência, a mais elevada expressão humana de sua alma encarnada, cuidando, amando e conservando o seu corpo – para si mesmo e para a pessoa que você ama.

Pratique a arte da empatia

Sentir *com* e *por* alguém – ter empatia – é a mais profunda forma de participação emocional que você pode ter com a pessoa a quem ama. No seu relacionamento íntimo, a empatia o faz sentir-se mais conhecido e conhecedor, mais plenamente reconhecido e considerado, mais maravilhosamente, profundamente ligado.

A empatia é um compromisso emocional. Seria o mesmo que entrar nas regiões acidentadas das emoções da outra pessoa e acampar ali com ela, para sentir o que ela sente, sensibilizar-se com o que a sensibiliza, ter medo, sentir pesar e raiva, como se fosse você mesmo que se sentisse emocionado, com medo, consternado ou com raiva.

Sentir empatia não é necessariamente fácil. Na verdade, de todas as intervenções emocionais, a empatia é a mais difícil. Pois ser realmente capaz de entrar na experiência de outra pessoa de forma tão completa que ela seja capaz de *sentir* a sua presença ali, com ela, é a incorporação do mais alto grau do aprimoramento emocional. Para unir-se de verdade à pessoa amada – em suas fraquezas ou vergonhas – num certo sentido, você já deve ter passado por essas experiências cruciais pessoalmente.

A estrutura de apoio da empatia é constituída da imensa série de sentimentos que já carregamos no coração e no corpo. Se você não tiver uma experiência anterior de um determinado sentimento, ou se não quiser vivê-lo de novo, sua capacidade de sentir com o outro será vaga, frouxa e nada convincente. Sua empatia será uma débil tentativa de compartilhar o sentimento, mas não uma verdadeira experiência empática.

É por isso que a empatia é tão difícil de praticar. Você precisa ter passado pelo problema antes, estar profundamente familiarizado com suas próprias emoções. Só então você terá, por assim dizer, uma enciclopédia de sentimentos humanos como fonte de referência; por já ter sentido, você "sabe como é o sentimento". Para saber que sensações a pessoa teve ao passar por essa experiência, você terá como fonte de referência o seu próprio corpo ou uma idéia na mente. Uma vez que já "esteve lá", você pode realmente sentir empatia.

Infelizmente, uma de nossas inibições na prática da empatia é que sempre temos medo de passar de novo pelas mesmas emoções quando uma pessoa precisa da nossa ajuda. Em vez de nos dispormos a entrar na experiência dela, ficamos com tanto medo de ser esmagados pela lembrança de nossos próprios sentimentos dolorosos que, em vez de oferecer nossa empatia, nos negamos ("Não é tão grave assim"), resolvemos o problema ("Você tem de fazer o seguinte...") ou o minimizamos ("Você acha tão difícil? Escute só o que aconteceu comigo.")

A capacidade de sentir empatia, portanto, exige o maior domínio de suas emoções, não no sentido de controle, mas no sentido de permitir que seus sentimentos fluam através de você. Então você será capaz de oferecer a mais preciosa de todas as dádivas emocionais – a dádiva da empatia.

Alegre-se

A vida já é suficientemente triste, entediante, séria e terrível para que você, ainda por cima, precise ser tão tenso, lógico, organizado, responsável e pontual o tempo todo. Alegre-se!

Sim, mas e quanto... à falta de dinheiro, os juros subindo, a licença de motorista vencida, contas a pagar, o licenciamento do carro, os impostos, o aluguel, os problemas dentários, os problemas médicos, as pendências jurídicas, o conselheiro matrimonial, seus pais idosos e os problemas deles, seus filhos adolescentes e os problemas deles, os dois milhões de problemas que ficaram da sua infância e que você ainda não resolveu, sem falar da roupa para lavar, onde você esqueceu as chaves do carro e quanto àquela mancha no tapete...

Você nunca vai se livrar de coisas para fazer ou resolver nesta vida. E elas nunca lhe trarão alegria. Sempre haverá roupa suja para lavar; suas contas sempre estarão precisando ser equilibradas. Antes, durante e depois de fazer todas essas coisas, você não se sentirá particularmente feliz – elas não vão alegrar a sua vida.

O que vai alegrar a sua vida são as coisas agradáveis, as belas pequenas coisas que lhe trazem lágrimas aos olhos. O que anima o seu coração no momento? Que coisas lindas você viveu ou presenciou duas horas atrás? (*Como uma conversa comovente com uma pessoa estranha, cuja voz sussurrante era macia como as penas de um pássaro. Senti que ela era uma pessoa de valor. Ela chorou um pouco, falando a respeito de uma música que gostaria de compor. Seria sobre coisas simples, ela disse, ... como o amor.*)

Ou ontem? (*A luminosidade do dia, o alaranjado mesclando-se com o azul, no final da tarde, e naquele momento você sentiu o ar frio e percebeu que, por um instante, a temperatura e a cor eram a mesma.*)

Ou nos últimos cinco anos? (*Como ele me amou e que surpresa eu tive quando... Eu nunca imaginei...*)

Não são responsabilidades essas coisas que tocam a sua alma de maneira tão maravilhosa, que fazem você sentir vontade de dançar, que despertam o seu coração. São coisas tolas e sem preço, bobas e espontâneas. Alegre-se!

Alimente seu coração
e sua alma

Quando nos identificamos demais com o mundo material, corremos o risco de perder de vista nosso coração e nossa alma. Podemos até começar a acreditar que são as coisas deste mundo – objetos e posses – que nos trazem a felicidade. A verdade é que não são as coisas, mas as experiências – os momentos e sentimentos que nos tocam mais profundamente – que realmente nos ligam ao nosso verdadeiro eu. Descobrir o que são essas coisas é um processo em si mesmo, e partilhá-las com a pessoa amada é uma das maiores alegrias do relacionamento.

Para alimentar o coração e a alma, você deve em primeiro lugar compreender que seu coração e sua alma precisam de um grande alimento. Uma vez entendido isso, você tem de dar tempo e espaço para as coisas, as experiências e as pessoas que o alimentam profundamente nesses campos.

O sustento do coração é o adorável amor pessoal, o jogo e as influências de todas as emoções que nos preenchem maravilhosamente e nos encantam; a sensação de que somos desejados; de que fomos escolhidos acima de todos os outros para ser amados; de que somos únicos, insubstituíveis, preciosos e raros. Esse amor do coração também é despertado pelo romance, por presentes encantadores, palavras doces e carinhos, lindas noites e tardes agradáveis, momentos bonitos, uma paixão fabulosa.

O alimento da alma é mais raro. Nossa alma é alimentada pelo mistério, pelo encanto da beleza, pelo contato com coisas e a participação em situações e experiências que, por si mesmas, façam uma referência ao eterno – a música erudita, as cores, o aroma de rosas, as montanhas; os campos, as árvores e os rios que há muito tempo têm um grande significado para nós. Embora essas coisas sempre tenham estado aqui para serem desfrutadas, é o modo como as fruímos em momentos de elevação que permite que elas falem à nossa alma sobre o mundo invisível, o som inaudível, a satisfação que não podemos sentir mas, sim, imaginar vagamente. Quando nos desviamos da nossa vida comum e mergulhamos nas profundezas dessas experiências, vislumbramos, ainda que por instantes, a ilusão de que a vida como a conhecemos é tudo o que existe.

Todos nós passamos por essas experiências. Algumas parecem inusitadas como presentes – outras temos de buscar conscientemente; mas, não importa como elas venham até nós, quando nos tocam dessa maneira, sentimos no mesmo instante que fomos atendidos. O coração carente não pode dar amor; a alma faminta também não faz idéia nem se lembra de sua origem sagrada. Na verdade, não somos capazes de amar enquanto nosso coração e nossa alma não forem satisfeitos.

Portanto, aproxime-se das coisas que alimentem o seu coração, que estimulem agradavelmente a sua alma. Beba dessa água sozinho ou com a pessoa amada. Separados ou juntos, alimentem seu coração e sua alma.

Respeite a pessoa amada

Num relacionamento íntimo, nenhum homem ou mulher é uma ilha. Tudo o que você faz – suas palavras, seus atos, seus hábitos, seu comportamento consciente e até mesmo inconsciente – afetam a pessoa amada. Quando você derruba uma pedra no lago da sua união, as ondas em círculos vão longe.

É por isso que é importante, sempre, ter consideração pelo parceiro. A consideração é uma generosidade emocional, uma forma de trazer a pessoa amada à realidade da sua experiência, de modo que ela se sinta incluída e protegida. Isso significa que, ao fazer seus planos – "Eu gostaria de me mudar para Paris, pois acho que vou me dar bem lá"; "Vou levantar às cinco da manhã para correr"; "Da próxima vez que sua mãe vier aqui em casa, ela vai ver só" –, você sabe que qualquer coisa que você pense terá conseqüências para o seu parceiro. Será que ele vai gostar da França? Será que ele não vai se acordar às cinco da manhã com você e depois perder o sono? Será que o frágil relacionamento que ela tem com a mãe não vai ficar comprometido quando você lhe disser o que pensa dela?

Ter consideração pela pessoa amada é entender que ela pode ter um ponto de vista ou interesses que serão afetados pelas decisões que você tomar. Isso não significa que você deva desistir de suas necessidades, esquecer seus planos ou, como um bobo iludido, considerar inteiramente os desejos da pessoa amada e abdicar dos seus ("Ele não se sentiria bem na festa, então eu não fui"). Porém, em todas as ocasiões, você se lembrará de que o seu parceiro também é parte da equação.

Para ter consideração pela pessoa amada você precisa, em primeiro lugar, ter consciência de que todo mundo tem sua própria vida. Você não é o rei ou a rainha do mundo; o que é bom para você não é necessariamente bom para todo mundo. Também é fundamental que, quando estiver fazendo suas escolhas ou seus planos, você consulte a pessoa amada para saber a reação dela: "Você gostaria de se mudar para Paris?" "Se eu acordar cedo para correr, você conseguirá voltar a dormir?" "Você entende que eu tenha alguns problemas que preciso resolver com sua mãe?"

A consideração é uma forma muito delicada de amor. É um sentimento discreto que você carrega no coração. Ao contrário dos grandes gestos de amor, – um diamante solitário, quatro dúzias de rosas – ou até mesmo dos maiores sacrifícios de amor – ela doou um de seus rins ao marido –, a consideração é o fluxo silencioso do cuidado que temos um pelo outro, a promessa de que, durante o tempo todo e de todas as maneiras, você se preocupa com o bem-estar da pessoa amada sob as asas protetoras do seu amor.

Aconchegue-se

O problema da vida é que ela não é suficientemente aconchegante. Na nossa porção bebê, que conservamos, precisamos ser abraçados e acarinhados, deliciosa e docemente, envolvidos e beijados, para nos sentirmos amados e satisfeitos.

O aconchego é o alimento do corpo e do espírito, do qual todos nós precisamos profundamente. Ser tocado e abraçado, ter a pele – esse milagroso, delicado, fino, sedoso envoltório do nosso ser – acariciada, tratada, lembrada e cuidada é uma das maiores exigências humanas. É uma das necessidades herdadas da infância, quando muitos de nós não fomos mimados o bastante, não fomos abraçados, beijados ou acariciados, ou mesmo aninhados o suficiente. Queríamos nos deitar confortavelmente, em segurança e perto do coração de nossa mãe, ser erguidos no ar pelos braços fortes de nosso pai, mas isso nunca aconteceu com a freqüência que desejávamos. Não nos deram colo o suficiente, não coçaram nossas costas quando esperávamos, nem massagearam nossa barriga, nem fizeram cócegas o bastante em nossos pés, nem escovaram tanto assim nosso cabelo, bem como não beijaram nossa nuca tanto quanto gostaríamos.

É por isso que, agora, precisamos nos aconchegar, porque ansiamos por sentir o gigantesco abraço que é o aconchego de gente grande. Queremos nos sentir protegidos e seguros. Queremos nos sentir bem-cuidados e amados. Queremos sentir que a vida é mais do que nossas obrigações e nosso trabalho. Queremos acreditar que ter um corpo num mundo cheio de corpos não é uma piada sem-graça, triste. Precisamos tanto ser aconchegados que, na verdade, se não formos, nosso coração protestará – com lágrimas, com excessos e álcool, com ansiedade e depressão, com a vontade de se abandonar na frente da televisão. A verdade é que todos nós – sem exceção – somos sedentos de carinho.

Aconchegar-se, portanto, sentir-se confortável – no sofá, na cama, na calçada, na cozinha, no carro e na praia, em elevadores e aviões, em restaurantes e metrôs, durante a exibição dos créditos no cinema e nas filas do banco – é um prazer genuíno que satisfaz uma gigantesca necessidade humana.

Aconchegar-se não é a preparação preliminar para nenhuma outra coisa – como sexo ou uma conversa importante, uma noite fora da cidade, um passeio ao ar livre, o jogo de futebol do time para o qual você torce. Aconchegar-se é maravilhoso, útil, saudável, delicioso, adorável, calmante, incrível, acariciante, além de fabuloso por si só. Então, aconchegue-se!

Desenvolva o
senso de oportunidade

O senso de oportunidade é o componente místico de todo relacionamento, e diz respeito a *quando* as coisas acontecem. É o momento perfeito, a conjunção mágica de acontecimentos, o encadeamento coordenado dos movimentos de uma pessoa ao longo do tempo, junto com os de outra – em perfeita harmonia.

O relacionamento em si e todo acontecimento, comportamento e ação que o envolvem, têm seu momento exclusivo e perfeito. Assim como o parceiro ideal sempre aparece apenas quando você desistiu de se apaixonar, também acontece de, entre as paredes sagradas de um relacionamento, haver momentos perfeitos para tudo, uma coreografia sincronizada que tanto pode incentivar quanto depreciar o seu relacionamento.

O senso de oportunidade é um reflexo sensível de uma miríade de coisas a nosso respeito: nossa história ("Não consigo lavar os pratos logo depois do jantar porque minha mãe não sossegava enquanto não lavasse a louça antes mesmo de terminarmos a sobremesa"), nosso metabolismo ("Não consigo acordar cedo"), nosso método de apreender a realidade ("Nunca conseguirei resolver esse problema com você falando o tempo todo; diga o que quer saber, deixe-me sair para dar uma caminhada e, na volta, eu lhe darei a minha resposta"), nossa sensibilidade emocional ("Não consigo suportar mais de uma queixa de uma só vez; meu pai costumava sentar-se comigo no sábado à noite e ler uma lista de coisas erradas que eu havia feito durante a semana") e nossas singularidades pessoais ("Não sei por que... acordo sempre às quatro horas da manhã").

Ter sensibilidade para o senso de oportunidade é ter consciência do momento propício, do período de tempo ou da circunstância adequada para um dado acontecimento. É a percepção intuitiva de que há sempre um momento apropriado – para dizer uma palavra, para iniciar uma relação sexual, para dar um presente, para fazer uma queixa. Ser sensível ao senso de oportunidade no relacionamento significa que você estará consciente, antes de mais nada, de suas próprias necessidades sobre a adequação de tempo – de privacidade, de ficar juntos, de superar um conflito, de fazer amor, de fazer ou compartilhar as obrigações. Significa também que você informará suas necessidades e preferências e estará atento ao fato de que o ritmo do seu parceiro pode ser completamente diferente do seu. A oportunidade, assim como quem deve pagar esta ou aquela conta, é algo que precisa ser negociado.

A sensibilidade em relação ao senso de oportunidade torna o relacionamento mais interessante. Se, juntos, vocês não cultivarem essa sensibilidade, estarão sempre lutando contra as diferenças de seus horários, dizendo na hora errada as palavras carregadas de emoção ou, em geral, sentindo-se prejudicados nas questões de tempo. Inversamente, quando aprendem a escolher o momento perfeito – para dizer as palavras certas, para dar um anel de presente –, vocês convertem seu relacionamento numa requintada coreografia da maravilhosa dança do seu amor.

Redescubra a harmonia

harmonia reflete a beleza espiritual de um relacionamento íntimo. É a coexistência elegante, a compatibilidade pacífica, a igualdade de freqüência. É saber que vocês compartilham o mesmo ponto de vista em relação ao mundo, que o que vocês querem da vida corre junto como linhas paralelas. É olhar para a pessoa amada e ser capaz de dizer para si mesmo: "Nós queremos as mesmas coisas, não é? Podemos ter alguns pontos de atrito, mas no fundo temos os mesmos valores."

No relacionamento, a harmonia é uma dádiva do espírito. É uma semelhança mística essencial que permite ao casal agir – junto ou separado – a partir do confortável reconhecimento de que entre os dois existe uma ressonância sagrada. Em certo sentido, essa é a verdadeira razão por que vocês escolheram um ao outro antes de mais nada – se não houvesse entre vocês um certo grau de harmonia, vocês não teriam arriscado a sorte juntos e estabelecido um relacionamento.

Quando existe harmonia, você pode senti-la; ela dá um encanto a tudo o que você faz – seu trabalho, a educação dos filhos, a maneira como você age na vida diária, o modo como supera um conflito e o que você considera o sentido profundo da sua vida.

Infelizmente, a vida arranha e deteriora a harmonia de nossos relacionamentos. Cobranças demais, de várias maneiras, podem minar o terreno aprazível da harmonia de um relacionamento. Horários, filhos, pequenas agressões inesperadas dos outros às vezes nos levam a sentir que não existe mais harmonia entre nós.

Inversamente, a harmonia é alimentada e recuperada quando nos lembramos dela com carinho. Portanto, se a harmonia estiver desequilibrada no relacionamento de vocês, façam entre si as seguintes perguntas:

Depois de todo o barulho e a desordem, quando as crianças finalmente estão na cama, quando as brigas acabaram, nossa vida juntos é, na maioria das vezes, tão boa, flui tão suavemente que, em geral, tenho vontade de agradecer pela sua presença na minha vida? De que maneiras nós somos, no fundo, um complemento, um espelho, um contrapeso um para o outro? Que coisas ainda dão prazer a nós dois juntos? Qual é o objetivo maior do nosso relacionamento e qual é nosso compromisso comum?

Se vocês tiverem dificuldade de encontrar respostas para essas perguntas, procurem descobrir o que pode estar comprometendo a harmonia do seu relacionamento. Será alguma coisa que vocês possam mudar? Será algo circunstancial – sua mulher viajou durante um mês – ou é um problema emocional que precisa ser enfrentado? O que você poderia fazer ou dizer agora mesmo que representasse um primeiro passo para recuperar a harmonia?

A harmonia reflete o equilíbrio emocional em todo bom relacionamento. Portanto, agradeça pela que você tem, incremente-a se estiver faltando e cuide bem dela daqui por diante.

Respeite a si mesmo

Como almas, ao virmos para a vida, saímos da realidade eterna para entrar no momento finito de viver como seres humanos. Nesse momento, e no singular contexto da vida terrena, tornamo-nos tanto agentes quanto destinatários dos dons da personalidade – essa grande, divertida, extraordinária e frustrante coleção de características e atitudes, predileções e possibilidades com que compomos a sinfonia de nossa vida individual. Nenhum ser humano é exatamente igual ao outro; e, não importa quanto você possa ter em comum com os outros, ser influenciado por alguém ou unir-se a uma pessoa, apenas *você* pode ser você mesmo.

É um prazer e um privilégio ser você mesmo. O simples fato de ter nascido é uma cortesia, um elogio. A oportunidade que você tem de sentir, ver e viver a vida, da maneira como *você* quiser, é única, jamais se repetirá.

É fácil esquecer-se disso. Em geral, costumamos nos acomodar, às vezes sentindo-nos abandonados, empacados, encurralados e solitários, sem gostar de quem somos, infelizes por estar aqui, desdenhando e degradando o nosso precioso eu. Mas ser um eu, viver sua especificidade é precisamente a beleza de estar vivo; e quando você ignora ou se esquece de festejar a sua singularidade, você insulta, de fato, a consciência que lhe deu a vida.

Se você, que vive, respira, sofre e representa tudo o que é seu apenas para ter uma experiência, se você é incapaz de valorizar quem você é, quem pode fazê-lo? Quem o fará? Respeitar você é o *seu* trabalho. Ninguém é capaz de fazê-lo. Ninguém tem conhecimento e experiência para isso. E ninguém deve fazê-lo, pois respeitar a si mesmo é a sua tarefa primordial, a base de compreensão da qual o seu talento para respeitar os outros irá brotar inevitavelmente. Respeitar a si mesmo é se conhecer, valorizando-se de verdade; e nenhum amor que você tenha, compartilhe ou dê alcançará essa dimensão plena até que você aprenda a se respeitar de verdade.

Respeitar-se é ver *a si mesmo*, reconhecer *a si mesmo*, amar e tratar com carinho *a si mesmo*. É, dentre todos os seres humanos da face da terra, ser capaz de exaltar a si mesmo: sua perspicácia; sua sensibilidade; sua sabedoria, qualquer que seja ela; seus talentos, em qualquer campo; o misterioso e maravilhoso caminho de seu histórico pessoal; sua beleza interior; seu corpo; sua força emocional, física e espiritual; sua presença de espírito, seu humor, sua inteligência – tudo o que você tenha sido na vida, tudo o que você é agora, tudo o que, com o tempo, você vai ser.

Por esse motivo, respeite a si mesmo. Dessa aceitação carinhosa e consciente de tudo o que você é, brotará o amor que você poderá oferecer aos outros.

Relaxe

Em dúvida, relaxe – esqueça; desista. Quando estiver na expectativa, frustrado ou sofrendo; quando estiver confuso, impaciente ou com medo; quando não souber o que fazer em seguida; quando estiver perdendo o controle – relaxe. Relaxe. Relaxe. RELAXE.

Relaxar é uma renúncia emocional e espiritual. Significa saltar de bom grado do barco salva-vidas de seus preconceitos quanto à realidade e arriscar-se no mar aberto, onde tudo pode acontecer. Para relaxar, até mesmo quando a sua definição de realidade estiver se desmanchando diante de seus olhos, você precisa renunciar a ela de bom grado, compreendendo instintivamente que o estado de renúncia em si será uma condição criativa.

É difícil relaxar, viver sem um parâmetro definido ou sem destino fixo. Em toda a nossa vida, aprendemos a nos prender, a controlar o nosso destino, a conduzir a alma. Relaxar não é confortável; pode parecer desde indolência até a absoluta perda de controle. Não é uma postura agressiva nem dá confiança em si mesmo. Não é um comportamento típico da mentalidade ocidental, influenciada pelo estilo americano de vida.

Mas relaxar é, na verdade, o tipo mais refinado de ousadia. É a vulnerabilidade no mais alto nível, um esvaziamento do eu, de todo o tumulto e falatório que, normalmente, todos levamos conosco – idéias, atitudes, esquemas e planos –, e deixar o seu eu como um recipiente vazio a ser preenchido. Nesse vazio há espaço para muita coisa; nesse vácuo, tudo pode acontecer: transformações emocionantes, mudanças de direção, milagres que realmente vão atordoar você, o amor que se materializa, uma conversão espiritual... Mas só se você quiser realmente relaxar por inteiro: como a árvore que deixa cair suas folhas no inverno, como o trapezista suspenso no ar entre duas barras, como o mergulhador que desce para o mergulho profundo... – todos, sem a menor sombra de dúvida, têm de relaxar sinceramente.

Relaxar é viver para o poder do nada. É viver em renúncia, na confiança e na crença de que o vazio é ao mesmo tempo a forma acabada e o começo perfeito. Portanto, relaxe. E lembre-se de que, se você se agarrar ao menor farrapo que seja, ou se tentar fazer um acordo com os deuses ("Vou relaxar, mas só se..."), então nada de novo – ou maravilhoso – vai acontecer.

Prontifique-se a colaborar com o amor

$\mathcal{N}$a maior parte do tempo, pensamos no amor em termos do que ele pode fazer por nós, imaginando que, quando "estivermos apaixonados", todos os nossos sonhos se realizarão. Queremos tanto ter os nossos sentimentos reconhecidos, as nossas necessidades satisfeitas, as nossas inseguranças superadas e os nossos desejos atendidos que não podemos conceber a noção do amor como uma colaboração a ser prestada.

Estamos tão presos (ou atolados) à noção do amor como uma experiência da qual é possível tirar alguma vantagem que a idéia de colaborar com outra pessoa é extremamente desagradável. No fundo, temos medo de que, ao prestar esse serviço, percamos o nosso senso de individualidade, ao qual nos apegamos depois de tanto esforço. Mas o amor, no seu estado mais puro, é uma espécie de serviço a ser prestado, uma oferenda sincera tão satisfatória que nem parece um serviço, mas sim uma auto-satisfação do mais alto nível.

Muitos de nós ainda precisam de prática nessa busca particular de amor. Não sabemos bem como colaborar nem o que fazer nesse sentido, e não temos tanta prática assim a ponto de esse dom ter-se tornado parte de nossos hábitos, uma cortesia que não exige de nós nenhum esforço. A verdade é que, de uma forma ou de outra, já estamos colaborando. Se você é pai ou mãe, está servindo a seus filhos. Se cuidou de um vizinho inválido ou dos pais idosos, também colaborou com o amor. Se fez um curativo na asa de um pássaro, deu dinheiro para um sem-teto, salvou um estranho do afogamento, cedeu seu lugar na condução, então você também colaborou com o amor. É assim que começa a brotar o senso de colaboração, quando o nosso coração começa a se abrir; mas, se você quiser que a sua colaboração cresça e se torne uma árvore frondosa, terá muitas oportunidades para amadurecer esse seu dom.

Comece fazendo a si mesmo as seguintes perguntas: O que significa servir? Como poderia ser a *minha* colaboração? Como conseguirei desenvolver a minha colaboração de modo que ela se torne um verdadeiro dom do amor?

Colaborar no amor é deixar temporariamente de lado as próprias necessidades, vontades e prioridades, fazendo com que as necessidades dos outros se tornem radiantes, tão vívidas e importantes que, por um momento, as suas desapareçam. Esse momento de graça *é* o amor, e, quanto mais praticamos essa colaboração, mais criamos esse amor. Porque, quando colaboramos uns com os outros, também colaboramos com a grande causa do Amor.

Procure o ponto de libertação

O ponto de libertação é aquele momento maravilhoso em toda relação pessoal ou experiência de vida em que chegamos a um estado de resolução quanto a tudo o que nos incomodou, nos desrespeitou e nos deteve; e ficamos livres para passar ao nível seguinte da nossa evolução.

Não é fácil chegar ao ponto de libertação. Queremos ser tirados magicamente para fora do conflito: a discussão horrível, repetitiva, aparentemente insolúvel; o trabalho odioso; a torturante sensação de insegurança; uma determinada irritação crônica (a indolência dele, a tosse roufenha dela); a vaga sensação de alienação a que, em geral, somos silenciosamente sujeitos por viver num mundo em rápida mudança. Queremos chegar ao ponto de libertação, mas em geral não estamos dispostos a pagar o preço – passando *pelo* problema em vez de *ao redor* do problema, qualquer que seja ele.

Para chegar ao local do "Ah! Consegui sair daquele buraco do inferno", precisamos querer rastejar de quatro sobre o emocional para chegar ao destino. Isso significa, no relacionamento, estar disposto a entrar na briga (tenha você medo de sua raiva ou não); a começar a discussão (ache você uma tolice ou não); a dizer o que precisa (quer ele lhe dê o que você pediu, quer não); ou a negociar (ainda que vocês nunca tenham concordado sobre o assunto antes).

Só depois de passar por tudo isso – de dizer o que era tão difícil dizer, de tomar a decisão que parecia impossível tomar, de começar a briga que você achava que colocaria todo o relacionamento em perigo, de dar a conhecer as necessidades que você tinha certeza de que nunca seriam atendidas – é que você finalmente poderá alcançar o ponto de libertação. De uma maneira mística, incrível, às vezes, depois de você ter desistido até mesmo de acreditar que esse lugar pudesse existir, você toma uma decisão que momentos antes parecia impossível.

Para chegar aí é preciso coragem, prática e pura força de vontade. Mas vale a pena. Comece agora, dizendo a si mesmo que *existe* esse lugar – é um destino verdadeiro –, e então faça o que for preciso, não importa quantos obstáculos você tenha de transpor, nem por quantos muros tenha de passar, até que, sentindo-se uma pessoa vitoriosa, aliviada, transformada, você chegará... ao ponto da libertação.

Celebrem o "nós" de vocês

Antes de mais nada, uma vez que é no "nós" da união que o "eu" individual se torna ainda mais maravilhosamente definido, todos nós procuramos ter relacionamentos. De certa forma, intuitivamente, todos sabemos que o amor fará mais por nós do que jamais conseguiríamos sozinhos. Portanto, sem nada mais que uma pausa para respirar, nos "apaixonamos", nos entregamos aos encantos da pessoa amada e nos rendemos aos mistérios da união.

Então tudo muda. Em cada aspecto do seu comportamento, seja um beijo, uma conversa, o imposto de renda ou fazer amor, você tem de se preocupar não só com a pessoa amada, mas também com o seu relacionamento. É por causa disso que, quando nos apaixonamos, aparece uma outra entidade espiritual – o "nós" –, que passa a existir. Embora invisível, ela é perfeitamente sensível – vibrante, cheia de vida e única; está sempre presente como uma discreta, embora sutil, essência energética. Você e seu parceiro podem senti-la quando estão juntos, como a representação misteriosamente unificada de suas duas energias. Ela se manifesta, por exemplo, como uma vibração sutil quando você e seu parceiro entram de braços dados num ambiente. Ela representa o conjunto de idéias e pontos de vista que, como um par, vocês incorporam; ela é a alegria que, como um casal, vocês demonstram a todos ao seu redor. Ela não é nem a soma de vocês dois nem a negação de um ou de outro. É a interação mística na qual se cria uma identidade a mais, onde um mais um é igual a três, não dois.

É essa entidade – o relacionamento, a incorporação de opostos que se atraem e então se unem; estranhos reunidos no mesmo coração; amantes, juntos, sob as estrelas, dando boa-noite ao dia – que reconhecemos quando falamos de nós mesmos como um "casal", "sr. e sra.", "minha mulher/meu marido e eu", "nós". *"Nós gostamos* muito da festa." "É muito importante para *nós* ir para a Alemanha." E essa entidade, assim como as pessoas que a compõem, também precisa ser cuidada.

Ao respeitar seu relacionamento – comentando respeitosamente sobre ele com os outros, tratando seu relacionamento sexual como uma união sagrada, reunindo-se rapidamente em momentos de dificuldades e tristezas – vocês ampliam a força da união. Vocês alimentam o "nós" como o ser precioso que ele é, comemoram a identidade singular sem igual que ele tem e continuam a tecer o cobertor de amor que aquecerá e protegerá a união de vocês para sempre.

Devolva à matéria sua sacralidade

A vida na Terra é tanto tumultuada quanto embelezada pelos objetos. Vivemos num mundo material que tem ao mesmo tempo a capacidade de nos iluminar ou de nos arrastar eternamente para as coisas mundanas. O mundo material não é o que em geral consideramos como sendo a morada do sagrado. Na verdade, em algumas escolas de pensamento, ele é considerado como a verdadeira antítese da vida do espírito. Às vezes, para fazer algum avanço no nosso desenvolvimento espiritual, precisamos nos privar de coisas materiais, abrir mão de posses e buscar a falta de entraves que nosso espírito requer para crescer.

Tornar a matéria sagrada, contudo, é usá-la de tal maneira que, em vez de prejudicar a vida do espírito, ela permaneça como um eloqüente suporte para essa vida. Fazê-lo num mundo que malbaratou suas bênçãos materiais é uma tarefa espiritual altamente evoluída. Ela requer que consideremos que tudo – mesmo nossas posses e objetos – pode ser consagrado ao amor.

No início de nossos relacionamentos, conhecemos intuitivamente o sentido sagrado dos objetos. Os presentes que damos são sinais evidentes de amor; as alianças de casamento que trocamos são os símbolos materiais de compromisso sagrado. Mas muito freqüentemente, à medida que o tempo passa, as posses se tornam um fim em si mesmas. Queremos coisas. Elas são importantes para nós. E, em vez de serem instrumentos a serviço da causa do amor, os objetos e sua aquisição às vezes se tornam o foco de um relacionamento.

Isso não quer dizer que não precisamos de bens materiais – nossa casa, nossos automóveis e aparelhos de som. Um lar, por mais humilde que seja, também pode se tornar um lugar que de fato alimen-

• • • • • • • *139* • • • • • • •

ta o nosso espírito. Na verdade, você pode decorar a sua casa, escolher uma determinada peça de mobília ou objeto de arte, ou um aparelho de som, para criar um ambiente físico que encoraje o profundo amor que você sente – em vez de ocupar o seu lugar.

Em vez de querer e adquirir mais coisas, pergunte-se quais delas você tem ou poderá adquirir que realmente lhe trarão satisfação: quais objetos dão uma sensação de serenidade, de inspiração, de felicidade para você? Agrada-lhe ver um vaso de flores sobre a mesa (seja ele de cristal Baccarat ou de vidro simples de uma loja de departamentos) ou será que você prefere a serenidade do vazio?

O seu ambiente é o seu santuário. Deixe que ele corresponda ao seu papel. Nem todos nós podemos pagar pelas coisas caras que são tão lindas e que, pela sua simples presença, conferem uma sensação adorável ao nosso ambiente. Mas podemos começar a encarar nossos objetos de uma maneira sagrada, escolhê-los com cuidado, lembrando que eles devem nos servir em espírito e perguntando a nós mesmos se os temos como um reflexo do amor que deve ser o foco mais elevado da nossa vida.

Sejam graciosos,
esperançosos e sábios

A graça é a beleza do espírito. A esperança é o otimismo da alma e a sabedoria é a inteligência da alma. Todas essas qualidades são tão eloqüentes que, até mesmo quando ouvimos essas palavras, uma calma se instala em nosso ser, como se de um lugar distante tivéssemos ouvido uma vez mais os nomes de elegantes virtudes antigas: Graça. Esperança. Sabedoria.

Graça, esperança e sabedoria são todas qualidades da alma. Elas têm que ver com o modo como o nosso espírito desempenha o seu papel no mundo; elas invocam o sentido do nosso mais profundo compromisso com a realidade e nos reafirmam que, acima, ao redor e através de tudo, uma maravilhosa consciência espiritual age silenciosamente. Assim é que a graça acrescenta a qualidade da suavidade a todos os nossos movimentos, não só à maneira como movimentamos o nosso corpo, mas à maneira como o nosso espírito vive nele; não só à maneira como nos deslocamos no mundo, mas a maneira pela qual, usando nossa generosa liberalidade, deixamos que o mundo passe por nós. Graça é beleza, refinamento do espírito. Nós a sentimos, reconhecemos, somos maravilhosamente arrebatados e envolvidos por ela, sempre que estamos na sua presença. Atingindo-nos com sua beleza, a graça desperta a nossa sensibilidade. Nós a consideramos como a medida do que aspiramos ansiosamente como o esplendor da nossa vida.

Esperança é promessa. Quando o presente parece insuportável, a esperança permite que vivamos no futuro e, lá, encontremos a paz. Quando temos esperança, partilhamos o estado da calma absoluta, que já entendeu que tudo o que já fizemos e tudo o que devemos fazer será maravilhoso em algum lugar, num determinado momento, que nossos sofrimentos nos conduzirão ao aperfeiçoamento, que até mesmo nossas tragédias nos levarão ao nosso aprofundamento.

Com a sabedoria, sabemos sem aprender; compreendemos sem esforço. Lembramo-nos do que nunca nos falaram e podemos falar a respeito, com graça, facilidade, como a verdade que cura, a observação que esclarece, a intuição que ilumina e transforma de maneira brilhante. A sabedoria é a inteligência que liberta a alma, compartilhada – o antigo conhecimento inato e inconsciente da alma revelado – em palavras que vibram com a verdade que sempre conhecemos mas nunca fomos capazes de perceber.

A graça torna a vida fluida, suave e bela. A esperança torna a vida feliz, com previsões belíssimas. E a sabedoria nos ajuda a saber quando confiar na graça e na esperança. Graça, sabedoria e esperança não são pequenas virtudes cintilantes, mas grandes poderes da alma que insistirão, por meio de sua estonteante magnificência, que tudo na vida se eleva para ir ao seu encontro. Porque cultivando a graça, a esperança e a sabedoria, elas serão requeridas em todos os campos em que você se tornar muito mais do que você é, para que você vá além de suas antigas limitações e visualize um mundo maior, incrivelmente lindo, repleto de possibilidades e com grande força para verdadeiramente se recuperar.

Viva sob a luz do espírito

Com cada pessoa que passa pela sua vida, você tem um acordo espiritual. Isso significa que, muito tempo atrás, na esfera espiritual, você prometeu ter alguns encontros especiais, compartilhar algumas experiências de vida, completar alguns trabalhos espirituais com uma determinada alma nesta vida.

Os acordos espirituais são compromissos para a evolução de nossa alma em conjunção com as outras, uma vez que, um por um, fazemos a jornada para aquele estado de consciência contínua que os místicos chamam de iluminação. É por causa desses acordos no plano espiritual que às vezes você sente uma estranha e misteriosa ligação com alguma pessoa, porque às vezes pessoas difíceis podem entrar inexplicavelmente na sua vida, porque talvez você se encontre numa jornada com uma determinada pessoa – como se você tivesse um contrato não escrito para cumprir – e então descobre que, como se houvesse sido amputada, sua ligação acaba subitamente.

Ao formar a comunidade de almas que se reuniu para viver na terra, fizemos um acordo, não só de nos lembrarmos uns aos outros do estado de pureza de nossa origem, como também de atuar sobre todos os aspectos do plano eternamente mutante da experiência humana no qual fomos convocados a atuar, para assegurar o crescimento de nossa alma e das almas com as quais fizemos aquelas profundas promessas. Alguns de nós estamos aqui para ser belos e fortes; outros para ser mal-humorados e problemáticos; alguns para morrer jovens e nos ensinar a passar pelo terrível sofrimento de grandes perdas; outros para viver bastante e nos ensinar com sabedoria. Mas, não importa qual papel estejamos desempenhando, estamos todos tomando parte naquele grande destino espiritual, que é o de nos lembrarmos da nossa essência eterna e nos encaminharmos para a união suprema.

Assim, toda pessoa que você encontra, cada alma que cruza o seu caminho e o influencia – maravilhosa ou terrivelmente, brevemente ou pelo resto da vida – está aqui por esse motivo, e todo relacionamento em que você entra não é nada além de uma pequena cena da complexa e crescente representação humana eternamente representada tendo por objetivo a evolução espiritual. Ao entender isso, você verá, de maneira súbita e emocionante, que cada pessoa lhe proporcionou um objetivo elevado e elegante, que cada alma veio para sensibilizar a sua alma e ensiná-la, que cada relacionamento existe para apressar o maravilhoso despertar da sua alma. Ninguém é mais um estranho; nenhum relacionamento pode mais ser considerado como um erro ou um fracasso.

À luz do espírito, vemos que estamos todos representando nossos papéis, que visam a realização de um plano primoroso e totalmente coordenado. Ao reconhecer isso, saímos do conflito para o estado de graça, porque, quando compreendemos que a vida foi tão lindamente projetada, podemos nos aquecer à luz do espírito; podemos viver em paz absoluta.